CADERNO do Futuro
A evolução do caderno

HISTÓRIA

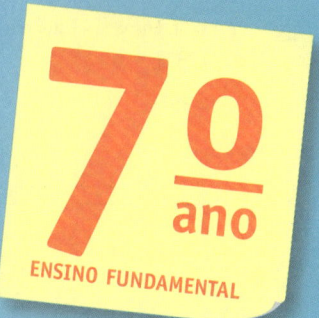

7º ano
ENSINO FUNDAMENTAL

3ª edição
São Paulo - 2013

Coleção Caderno do Futuro
História
© IBEP, 2013

Diretor superintendente	Jorge Yunes
Gerente editorial	Célia de Assis
Editor	Márcia Hipólide
Assistente editorial	Érika Domingues do Nascimento
Revisão	Maria Inez de Souza
Coordenadora de arte	Karina Monteiro
Assistente de arte	Marilia Vilela
	Nane Carvalho
	Carla Almeida Freire
Coordenadora de iconografia	Maria do Céu Pires Passuello
Assistente de iconografia	Adriana Neves
	Wilson de Castilho
Produção gráfica	José Antônio Ferraz
Assistente de produção gráfica	Eliane M. M. Ferreira
Projeto gráfico	Departamento Arte Ibep
Capa	Departamento Arte Ibep
Editoração eletrônica	N-Publicações

**CIP-BRASIL. CATALOGAÇÃO-NA-FONTE
SINDICATO NACIONAL DOS EDITORES DE LIVROS, RJ**

O76h
3.ed

Ordoñez, Marlene, 1941-
  História : 7º ano / Marlene Ordoñez. - 3. ed. - São Paulo : IBEP, 2013.
  il. ; 28 cm   (Caderno do futuro)

  ISBN 978-85-342-3545-7 (aluno) - 978-85-342-3549-5 (mestre)

  1. História - Estudo e ensino (Ensino fundamental). I. Título. II. Série.

12-8676.   CDD: 372.89
                                            CDU: 373.3.016:930

    27.11.12   30.11.12   041055

3ª edição – São Paulo – 2013
Todos os direitos reservados.

Av. Alexandre Mackenzie, 619 – Jaguaré
São Paulo – SP – 05322-000 – Brasil – Tel.: (11) 2799-7799
www.editoraibep.com.br editoras@ibep-nacional.com.br
Impressão - Gráfica Capital - Novembro 2016

SUMÁRIO

1. AS TRANSFORMAÇÕES NO OCIDENTE MEDIEVAL 4

2. AS MONARQUIAS NACIONAIS 14

3. A EXPANSÃO MARÍTIMO-COMERCIAL EUROPEIA 20

4. O RENASCIMENTO 31

5. AS REFORMAS RELIGIOSAS 38

6. O ABSOLUTISMO MONÁRQUICO 49

7. OS POVOS PRÉ-COLOMBIANOS 60

8. CONQUISTA E COLONIZAÇÃO DA AMÉRICA 63

9. O ILUMINISMO 78

10. A REVOLUÇÃO INDUSTRIAL 85

11. A REVOLUÇÃO NORTE-AMERICANA 93

12. A REVOLUÇÃO FRANCESA 98

13. O IMPÉRIO NAPOLEÔNICO 106

ESCOLA

NOME

PROFESSOR

HORA	SEGUNDA	TERÇA	QUARTA	QUINTA	SEXTA	SÁBADO

PROVAS E TRABALHOS

1. As transformações no Ocidente Medieval

AS CRUZADAS

As Cruzadas foram expedições militares organizadas com o apoio da Igreja. Sua finalidade era combater os turcos seldjúcidas que dominavam os lugares considerados sagrados pelo cristianismo e impediam a peregrinação de cristãos à Terra Santa.

Também colaboraram para o movimento das Cruzadas:

- o interesse dos nobres que não possuíam terras de fazer fortuna e instalar novos feudos fora do Ocidente;
- o desejo de lucro dos comerciantes das cidades italianas de Veneza, Gênova e Pisa, que, impedidos pelos turcos de comercializar, encontravam nas Cruzadas uma maneira de expandir os seus empreendimentos. Os comerciantes de Veneza, em particular, apesar de terem boas relações com os muçulmanos, viam nas Cruzadas uma oportunidade de conseguir a hegemonia do comércio no Mediterrâneo.

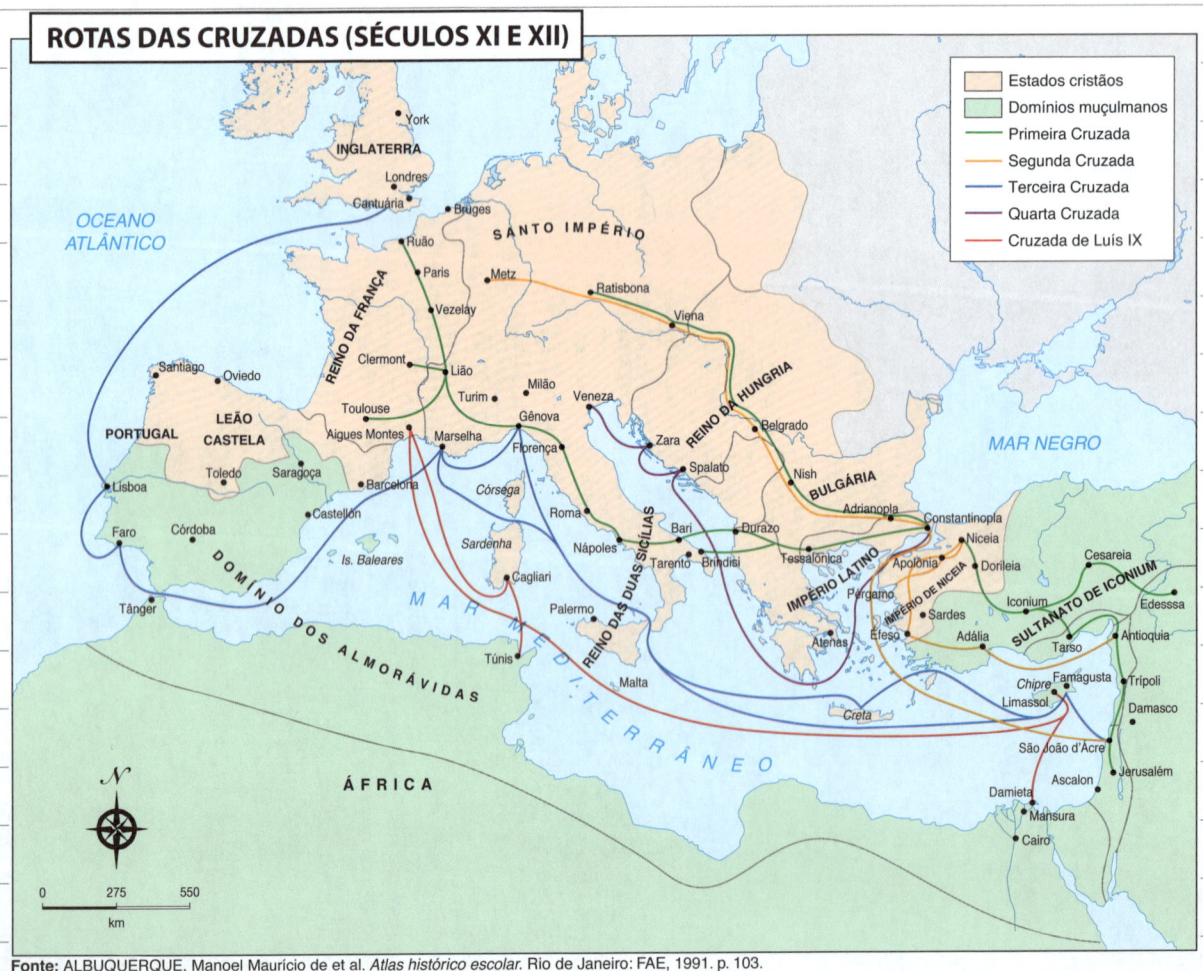

ROTAS DAS CRUZADAS (SÉCULOS XI E XII)

Fonte: ALBUQUERQUE, Manoel Maurício de et al. *Atlas histórico escolar*. Rio de Janeiro: FAE, 1991. p. 103.

1. O que foram as Cruzadas?

2. Qual era o interesse da nobreza no movimento das Cruzadas?

3. Por que muitos comerciantes italianos apoiavam as Cruzadas?

As Cruzadas começaram a ocorrer em 1095 e se estenderam até 1270.

- **Cruzada dos Mendigos** (1096) – Foi uma cruzada não oficial, comandada por Pedro, o Eremita.
- **Primeira Cruzada** ou **Cruzada dos Nobres** (1096-1099) – Comandada por Godofredo de Bulhão, Raimundo de Toulouse e Boemundo.
- **Segunda Cruzada** (1147-1149) – Organizada porque os turcos recuperaram vários territórios perdidos. Comandada por Luís VII (rei da França) e Conrado III (imperador do Sacro Império Romano-Germânico).
- **Terceira Cruzada** ou **Cruzada dos Reis** (1189-1192) – Na segunda metade do século XII, agravou-se a situação dos Estados latinos no Oriente. Além disso, o sultão Saladino retomou Jerusalém. O papa Inocêncio III passou a pregar uma nova cruzada, da qual participaram os reis Ricardo Coração de Leão, da Inglaterra, Felipe Augusto, da França, e Frederico Barba-Roxa, do Sacro Império.
- **Quarta Cruzada** (1202-1204) – Novamente o papa Inocêncio III convocou os cristãos para outra cruzada. O governador de Veneza forneceu os navios com o objetivo de conquistar mercados no mar Negro.
- **Quinta Cruzada** (1217-1221) – Jerusalém continuava nas mãos dos turcos, por isso foi decidida a organização de uma nova cruzada à Terra Santa, a qual fracassou.
- **Sexta Cruzada** (1228-1229)

– Chefiada por Frederico II, imperador do Sacro Império.

• **Sétima** e **Oitava Cruzadas**
– Ocorreram por iniciativa do soberano francês Luís IX. Na sétima (1248-1250), ele seguiu para o Egito. Após alguns êxitos militares, o exército foi dizimado por uma epidemia de tifo. Em 1270, Luís IX organizou a Oitava Cruzada, rumando para Túnis, no norte da África. Uma nova epidemia matou centenas de cruzados, inclusive o rei.

4. Associe corretamente.

a) Cruzada dos Mendigos
b) Primeira Cruzada
c) Segunda Cruzada
d) Terceira Cruzada ou Cruzada dos Reis
e) Quarta Cruzada
f) Quinta Cruzada
g) Sexta Cruzada
h) Sétima e Oitava Cruzadas

( ) Objetivou derrotar os turcos, mas fracassou na tentativa de libertar Jerusalém.

( ) Foi chamada também de Cruzada dos Nobres.

( ) Epidemias de tifo dizimaram o exército francês, inclusive o rei Luís IX.

( ) Foi comandada por Pedro, o Eremita, e era uma cruzada não-oficial.

( ) Tinha como objetivo conquistar os mercados do mar Negro.

( ) Foi chefiada pelo imperador do Sacro Império, Frederico II.

( ) Foi organizada porque os turcos recuperaram vários territórios perdidos.

( ) Teve a participação dos reis Ricardo Coração de Leão, da Inglaterra, Felipe Augusto, da França, e Frederico Barba-Roxa, do Sacro Império.

AS CONSEQUÊNCIAS DAS CRUZADAS
O movimento cruzadista foi responsável pelo extermínio de milhares de cristãos, que morreram em combate, de fome ou de doença.
A partir das Cruzadas, intensificaram-se as relações comerciais do Ocidente com

o Oriente, fazendo progredir as cidades italianas. O artesanato e o comércio da Europa ocidental foram favorecidos com os artigos e as matérias-primas vindas do Oriente. Também ocorreu o incremento da circulação monetária, o que favoreceu a abertura do Mediterrâneo. O comércio expandiu-se pelo noroeste da Europa, pelas costas do Báltico e pelo mar do Norte.

Cada vez mais o feudalismo se enfraquecia. A morte de muitos senhores feudais nas Cruzadas ocasionou a alienação dos seus domínios, provocando uma gradual liberação dos servos, que migraram para as cidades.

5. Quais foram as consequências econômicas das Cruzadas?

A CRISE DO FEUDALISMO

A partir do século XI até o século XV, a Europa passou por profundas transformações econômicas, políticas e sociais, que levaram à desagregação do feudalismo e ao nascimento de um novo modo de produção, o capitalista, que progressivamente iria estruturar-se.

AS INOVAÇÕES TÉCNICAS

A partir do século XI, ocorreu na Europa uma série de inovações técnicas importantes, que permitiram grande aumento da produção.

O antigo arado de madeira foi substituído pelo de ferro, mais pesado, que fazia sulcos mais profundos no solo, facilitando a semeadura. O atrelamento do cavalo no peitoral deu-lhe maior mobilidade, e muitos instrumentos agrícolas passaram a ser feitos de ferro, ganhando maior resistência. Os moinhos movidos pela água ou pelo vento tiveram seu movimento melhorado e sua produtividade ampliada.

Com o desenvolvimento tecnológico, ocorreu um aumento da produção, com menor uso de mão de obra. Para poder sobreviver, muitos camponeses começaram a desbravar terras incultas do feudo, como os pântanos e as florestas. Esse desbravamento foi chamado de arroteamento.

Ao perceber que o arroteamento poderia fazer crescer suas rendas, os senhores feudais o incentivaram. Começaram a arrendar para os camponeses as áreas de reserva do feudo.

Como os instrumentos de trabalho agora eram de mais qualidade, os camponeses conseguiam produzir mais. Esse aumento da produção lhes garantia boa alimentação, tornando-os mais resistentes às doenças. A taxa de mortalidade caiu, provocando acelerado aumento da população.

6. Explique por que ocorreu um aumento da população nos feudos a partir do século XI.

7. A partir do século XI, começam a ocorrer transformações na agricultura europeia. Essas transformações foram ocasionadas por:

a) Sementes de melhor qualidade trazidas pelos cruzados do Oriente. ( )

b) Introdução de máquinas agrícolas movidas a vapor. ( )

c) Aperfeiçoamento dos instrumentos de trabalho dos camponeses. ( )

d) Abertura de canais de irrigação na maioria dos feudos. ( )

O RENASCIMENTO DO COMÉRCIO

Os senhores feudais e os servos passaram a vender a produção excedente nos mercados locais. A população e o consumo continuavam aumentando, intensificando-se as trocas. Com isso, muitas pessoas passaram a viver do comércio e do artesanato. A moeda voltou a ter importância. As estradas tornaram-se movimentadas e novos povoados formaram-se ao longo delas.

Começaram a surgir mercados temporários – as **feiras** – nos cruzamentos das rotas de comércio, às margens dos rios ou perto de fortalezas. Essas feiras reuniam mercadores de diferentes pontos da Europa, que se encontravam para realizar o comércio de seus produtos e operações financeiras.

Os senhores feudais incentivavam a realização desses mercados em suas terras, interessados na renda que poderiam obter com os impostos que cobravam dos mercadores. Ofereciam proteção e cobravam várias taxas.

As feiras entraram em declínio a partir

do século XIII, com o crescimento das cidades.

Existiam duas importantes rotas marítimas: a do Mediterrâneo e a do Norte da Europa. Pelo Mediterrâneo, mercadores europeus vendiam armas, barcos e madeiras para os árabes e compravam especiarias (cravo, canela, noz-moscada, gengibre) e produtos de luxo.

A partir do século XI, essa rota passou a ser conquistada pelas cidades italianas de Gênova e Veneza.

O mar Mediterrâneo e o mar Báltico eram o eixo econômico do comércio no Norte da Europa. O principal porto era o de Bruges, na região de Flandres. Era aí que se encontravam os mercadores de várias rotas terrestres e do Mediterrâneo. Nessa região, os mercadores associaram-se para monopolizar a venda de determinados produtos. Essas associações eram chamadas de **ligas** ou **hansas**. A mais importante foi a Liga Hanseática, que reunia mais de 80 cidades.

8. O que eram as feiras?

9. Quais as rotas comerciais marítimas que se tornaram importantes a partir do século XI?

10. O que foram as ligas ou hansas? Qual a mais importante?

O RENASCIMENTO DAS CIDADES

O renascimento das cidades coincidiu com a crise do sistema feudal. A agricultura continuou sendo uma atividade muito importante. O campo produzia alimentos e matérias-primas; a cidade concentrava a atividade artesanal. Entre o campo e a cidade estabeleceram-se relações comerciais.

Muitas cidades nasceram em áreas pertencentes aos senhores feudais e, por isso, estavam sujeitas ao seu controle e lhes pagavam impostos. Essa situação levava a constantes conflitos entre os habitantes das cidades e os senhores feudais.

As cidades começaram a reivindicar autonomia. Para isso, organizaram associações. Algumas compraram a liberdade e outras conquistaram gradativamente a autonomia. Quando conquistavam a liberdade, esse fato era registrado num documento chamado Carta de Franquia.

As cidades medievais eram conhecidas como burgos, e seus habitantes eram chamados de **burgueses**.

11. Muitas cidades nasceram dentro dos feudos. Como elas conseguiram autonomia?

12. Por que ocorriam conflitos entre os habitantes das cidades e os senhores feudais?

13. De onde vem a palavra "burguês"?

ORGANIZAÇÃO DOS ARTESÃOS EM CORPORAÇÕES DE OFÍCIOS

Os artesãos agruparam-se por ofício, surgindo as corporações de ofícios. Havia corporações de tecelões, sapateiros, padeiros, ferreiros etc.

A corporação procurava defender os interesses dos associados. Nenhum artesão podia trabalhar em seu ofício se não estivesse inscrito na corporação correspondente, que o protegia, evitando a concorrência. Ela fiscalizava a produção e estabelecia o preço das matérias-primas e dos produtos acabados.

A produção era realizada em oficinas, tendo como proprietário o mestre-artesão, o dono da matéria-prima e dos instrumentos de trabalho. O mestre era ajudado pelos oficiais (ou companheiros), que recebiam remuneração por jornada de trabalho; eram trabalhadores especializados que poderiam abrir seu próprio empreendimento, caso a corporação autorizasse. Também existia o aprendiz, aquele que estava aprendendo um ofício. Seu aprendizado durava de três a sete anos, e, nesse período, morava na casa do mestre.

A partir do século XIII, a situação do artesão mudou, pois os mestres começaram a concentrar em suas mãos poder e capital, impedindo a ascensão dos oficiais e aprendizes. Surgia assim uma elite composta dos grandes artesãos e comerciantes, que controlavam a matéria-prima, os instrumentos de trabalho e a venda do produto no mercado.

14. O que foram as corporações de ofícios?

15. Que mudanças ocorreram na situação dos artesãos, a partir do século XIII?

A CRISE DO SÉCULO XIV

A grande crise do sistema feudal deu-se no século XIV. Houve o esgotamento das terras de cultivo e as técnicas não progrediram, provocando o aumento dos preços dos produtos.

No início desse século, uma sucessão de más colheitas, em consequência das chuvas abundantes durante três anos seguidos, causou grave crise econômica. A fome alastrou-se pela Europa, a mortalidade aumentou e a moeda desvalorizou-se. O grande número de mortes, principalmente entre os camponeses, levou à redução da mão de obra.

Nesse mesmo século, uma epidemia, a peste bubônica, conhecida como peste negra, dizimou um quarto da população europeia. Na mesma época da epidemia, estourou a Guerra dos Cem Anos, entre a França e a Inglaterra. Todos esses fatores provocaram o enfraquecimento cada vez maior dos senhores feudais, que se viram obrigados a conceder vantagens aos servos.

Em algumas regiões do continente, os senhores feudais, para superar a crise, aumentaram a pressão sobre os camponeses. Isso fez com que eclodissem várias revoltas camponesas na França, na Inglaterra, em Portugal e nos reinos cristãos da Península Ibérica.

Toda essa situação levou ao maior enfraquecimento da nobreza e contribuiu para o fortalecimento da burguesia e do poder real.

16. O século XIV foi marcado na Europa por uma série de problemas que aprofundaram a crise do sistema _____, porque a _____ e a _____ se fortaleceram, enquanto a _____ enfraqueceu.

17. Por que ocorreram revoltas camponesas na Europa no século XIV?

Revisão

1. A finalidade das Cruzadas era:

a) Combater os turcos seldjúcidas que dominavam os lugares santos do cristianismo. ( )

b) Impedir a peregrinação de cristãos à Terra Santa. ( )

c) Fortalecer os reis europeus. ( )

d) Combater o poder da Igreja Católica no Oriente. ( )

2. Muitas cidades italianas tinham interesse em participar das Cruzadas porque:

a) Apoiavam o papa, que era italiano. ( )

b) Estavam impedidas pelos turcos de comercializar e precisavam expandir os seus empreendimentos. ( )

c) Queriam impedir a entrada dos turcos no mercado europeu. ( )

d) Todas as alternativas anteriores estão corretas. ( )

3. A partir do século XI, graças à melhoria dos _____, percebe-se nos feudos um aumento da _____ e, por conseguinte, um aumento da _____.

4. Podemos definir as feiras medievais como:

a) Mercados fixos em certas cidades. ( )

b) Mercados temporários nos cruzamentos das rotas de comércio. ( )

c) Zonas de compra e venda de especiarias, existentes apenas nos portos. ( )

d) Um comércio que só existia dentro dos castelos feudais. ( )

5. Dê a definição de:

a) Corporações de ofícios:

b) Burgos:

c) Peste negra:

d) Guerra dos Cem Anos:

6. Com o renascimento comercial, a partir do século XI, os mercadores começaram a fundar associações para controlar a venda de certos produtos. Assim nasceram as:

a) Feiras. ( )
b) Cidades. ( )
c) Hansas. ( )
d) Cruzadas. ( )

Anotações

2. As monarquias nacionais

Entre os séculos XI e XV, os monarcas empreenderam lutas com o apoio da burguesia para vencer os opositores internos – a nobreza, que tinha a posse das terras – e os externos – as outras nações em formação.

Cada vez mais os monarcas passaram a contar com o apoio da burguesia, a classe dos comerciantes, para financiar a formação de exércitos reais, submeter a nobreza, limitar a ação da Igreja Católica e fortalecer o poder real, que se tornava cada vez mais centralizado.

Para a burguesia, interessava a centralização política, porque ela desejava a unificação da moeda, dos pesos e das medidas, dos tributos e das leis, para melhor desenvolver o comércio.

A aliança entre a burguesia e a monarquia foi um fator preponderante para a centralização do poder e a consequente formação dos Estados nacionais.

1. Os Estados nacionais, ou monarquias nacionais, surgiram quando o poder real se fortaleceu. Para isso, a realeza se aliou a qual camada social?

a) Nobreza. ( )

b) Campesinato. ( )

c) Clero. ( )

d) Burguesia. ( )

2. Para fortalecer o seu poder, a realeza precisava de recursos, por exemplo, para a formação de exércitos. De onde vieram esses recursos?

3. Qual era o interesse da burguesia ao apoiar a centralização política nas mãos das monarquias nacionais?

França: O poder monárquico se consolidou entre os séculos XIV e XV com a Guerra dos Cem Anos.

Inglaterra: O Rei João I (João sem Terra), em 1215, ao assinar a Magna Carta, comprometeu-se a respeitar os direitos dos nobres, da Igreja e evitar os abusos da administração e da justiça, não estabelecendo a criação de impostos sem o prévio consentimento dos seus vassalos. A Guerra dos Cem Anos também foi responsável pela centralização política nesse país.

Espanha: A Guerra da Reconquista

(luta empreendida pelos cristãos contra os muçulmanos, para expulsá-los da Península Ibérica) levou à formação de reinos cristãos, entre eles Castela e Aragão, os quais se uniram no século XV, levando à centralização do poder e à formação da Espanha.

Portugal: A formação da monarquia portuguesa está ligada à Guerra da Reconquista, quando o conde Henrique de Borgonha recebeu o condado Portucalense, que se tornou independente do reino de Castela, em 1139, transformando-se num reino que prosperou até 1383, expandindo-se e consolidando-se politicamente, o que resultou na Revolução de Avis (1383-1385), momento crucial na centralização política portuguesa.

( ) A Guerra da Reconquista levou à formação de reinos cristãos. Dois deles se uniram e deram origem a esse país.

( ) O poder monárquico nesse país saiu fortalecido com a Guerra dos Cem Anos.

5. O que foi a Guerra da Reconquista?

4. Associe corretamente.

a) França
b) Inglaterra
c) Espanha
d) Portugal

( ) Um fato importante na unificação desse país foi a assinatura da Magna Carta, pelo rei João Sem Terra.

( ) A centralização política ocorreu com a Revolução de Avis.

GUERRA DOS CEM ANOS

Foi a mais longa guerra medieval (de 1337 a 1453), cujo palco foi a França invadida pela Inglaterra.

O fator gerador foi a disputa entre essas duas nações pela região de Flandres, que possuía uma significativa produção de tecidos de lã.

O pretexto para a guerra foi o problema da sucessão ao trono francês: como os descendentes do monarca francês morreram sem deixar descendentes, o rei da Inglaterra reclamou o trono para si, o que provocou a rejeição dos franceses. Por isso, a nobreza francesa declarou guerra à Inglaterra.

Foi na Guerra dos Cem Anos que se destacou Joana D'Arc, uma mulher a qual se dizia enviada por Deus para libertar a França. Ela chegou a comandar um exército e obteve importante vitória contra os ingleses, mas acabou presa e morreu queimada numa fogueira, acusada de bruxaria.

Durante a Guerra dos Cem Anos ocorreram a peste negra (surto de peste bubônica, que dizimou boa parte da população europeia) e as *jacqueries* (revoltas camponesas).

Em 1453, terminou a guerra, cujos resultados foram crise na agricultura, fortalecimento do poder real, reforço do exército nacional e formação do sentimento nacional. Concomitante a esses acontecimentos, os turco-otomanos tomaram Constantinopla, sede do Império Bizantino.

6. A Guerra dos Cem Anos envolveu quais países?

7. Qual o motivo econômico que gerou a Guerra dos Cem Anos?

8. O pretexto para a Guerra dos Cem Anos foi o problema da sucessão do trono _____, que era reivindicado pelo rei da _____.

9. Foram resultados da Guerra dos Cem Anos.

-
-
-
-

10. Foi na Guerra dos Cem Anos que surgiu uma personagem histórica até hoje famosa. Trata-se de:

a) Felipe, o Belo. ( )

b) Ricardo Coração de Leão. ( )

c) João Sem Terra. ( )

d) Joana D'Arc. ( )

A GUERRA DAS DUAS ROSAS

Após o término da Guerra dos Cem Anos, a situação econômica da Inglaterra era muito difícil. A perda dos territórios na França e a paralisação do comércio com Flandres enfraqueceram ainda mais a nobreza.

Ao mesmo tempo, ocorreu uma disputa pela sucessão ao trono inglês entre a família Lancaster (ligada ao feudalismo), que tinha como símbolo uma rosa branca, e a família York (ligada aos interesses mercantis), cujo símbolo era uma rosa vermelha.

Em 1485, Henrique Tudor, descendente dos Lancaster, mas casado com uma York, pôs fim à guerra, tornando-se rei da Inglaterra com o título de Henrique VII.

11. Como ficou a situação econômica da Inglaterra após a Guerra dos Cem Anos?

12. Como se chamou a guerra entre as famílias Lancaster e York pela sucessão do trono inglês, no século XV?

13. Como terminou a guerra entre os Lancaster e os York?

14. Associe corretamente.

a) Peste negra
b) Guerra dos Cem Anos
c) Guerra das Duas Rosas
d) Flandres
e) Joana D'Arc
f) *Jacqueries*

( ) Epidemia que matou grande parte da população europeia.

( ) Revoltas camponesas.

( ) Disputa entre duas famílias pelo trono inglês.

( ) Foi acusada de bruxaria e condenada a morrer na fogueira.

( ) O pretexto para o conflito foi o problema da sucessão ao trono francês.

( ) Região disputada por França e Inglaterra.

( ) Nessa guerra, a França foi invadida pela Inglaterra.

Revisão

1. Os Estados nacionais, ou monarquias nacionais, surgiram de uma aliança entre _____ e _____, contra o poder dos _____.

2. A mais longa guerra medieval (de _____ a _____), cujo palco foi a França invadida pela _____, chamou-se _____.

3. Por que a realeza precisava de recursos financeiros na época da formação das monarquias nacionais?

4. Os reinos cristãos que se uniram, dando origem à Espanha, foram:

a) França e Inglaterra. ( )

b) Aragão e Avis. ( )

c) Castela e Aragão. ( )

d) Borgonha e Reino Portucalense. ( )

5. A origem de Portugal e da Espanha está ligada à:

a) Guerra da Reconquista. ( )

b) Guerra dos Cem Anos. ( )

c) Guerra das Duas Rosas. ( )

d) Expansão marítima. ( )

6. A Guerra da Reconquista foi:

a) A guerra pelo trono francês, reivindicado pelos ingleses. ( )

b) A guerra pelo trono inglês, reivindicado por duas famílias poderosas. ( )

c) A guerra pela recuperação de Flandres, empreendida pela Inglaterra. ( )

d) A luta empreendida pelos cristãos contra os muçulmanos,

para expulsá-los da Península Ibérica. ( )

Anotações

7. Complete com o que se pede sobre a Guerra das Duas Rosas.

a) Quais famílias estavam em luta?

b) Qual o motivo da guerra?

c) Por que a Guerra das Duas Rosas teve esse nome?

d) Como terminou a guerra?

3. A expansão marítimo-comercial europeia

A partir do século XI, o aumento da população europeia levou à expansão das áreas de cultivo. O comércio renasceu e, com ele, as cidades cresceram e uma nova camada surgiu: a burguesia.

Os europeus precisavam de metais preciosos para cunhar mais moedas, tão necessárias ao comércio. Além disso, estavam interessados em produtos de luxo, sedas, porcelanas, tapetes, essências e, principalmente, nas especiarias (pimenta, cravo, canela, noz-moscada, gengibre), usadas para a conservação dos alimentos.

Esses produtos eram trazidos pelos árabes da região produtora no Oriente, as Índias, até os portos do Mediterrâneo e vendidos aos comerciantes de Gênova e Veneza.

Como essas cidades italianas tinham o monopólio do comércio mediterrâneo (século XIV), vendiam os produtos de luxo e as especiarias a preços exorbitantes, obtendo altos lucros. Esse lucro despertou o interesse da burguesia e de muitos governantes europeus, especialmente de Portugal e da Espanha.

Os portugueses, habituados com o mar desde o século XII e contando com uma burguesia interessada em se expandir, foram os primeiros a se lançar ao mar, em busca de uma nova rota marítima para as Índias.

Esse empreendimento foi também possível porque, ao lado do interesse político e econômico, houve o aperfeiçoamento de técnicas que facilitavam a navegação a longa distância: o astrolábio, a bússola, as cartas de navegação mais elaboradas e a caravela.

O interesse pelo comércio dos produtos de luxo e pelas especiarias, a necessidade de quebrar o monopólio das cidades italianas no mar Mediterrâneo, a procura de um novo caminho marítimo para as Índias, a escassez de metais preciosos na Europa, a aliança entre o rei e a burguesia, para buscar a centralização do poder, a valorização do comércio e o progresso técnico e científico foram fatores que favoreceram a expansão marítimo-comercial da Europa.

Esse movimento é também conhecido como as **Grandes Navegações**.

1. No século XI, a Europa vivenciou uma série de transformações. Que transformações foram essas?

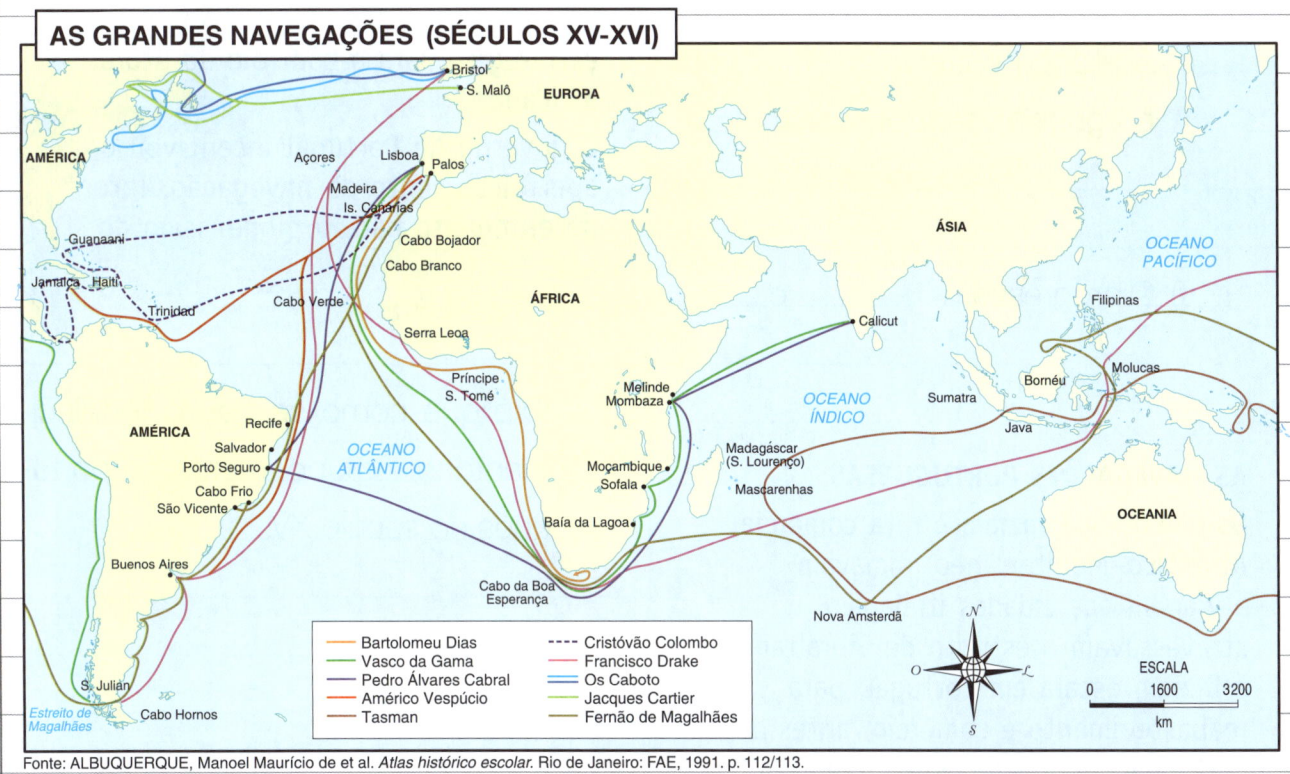

2. Quais produtos consumidos pelos europeus vinham do Oriente?

3. Qual foi o país pioneiro da expansão marítima europeia?

4. Os fatores que contribuíram para a expansão marítima europeia, também chamada de movimento das _____, foram:

a) O interesse pelo comércio de _____ e _____.

b) A necessidade de quebrar o _____ das cidades italianas no mar _____.

c) A procura de um novo _____ para as Índias.

d) A escassez de _____ na Europa.

e) A aliança entre o _____ e a burguesia, para buscar a _____ do poder.

f) O progresso _____ e _____.

AS NAVEGAÇÕES PORTUGUESAS

Os navios que faziam a rota comercial Atlântico–Mediterrâneo iniciavam a viagem nas cidades italianas, atravessavam o estreito de Gibraltar e faziam escala em Portugal, para reabastecimento e comércio, antes de partir para o mar do Norte. Com isso, apareceu um grupo mercantil forte no reino português.

A presença desse grupo mercantil, associada a uma monarquia centralizada e com interesses mercantis, foi fator decisivo para as navegações portuguesas. Além disso, os portugueses gozavam de uma situação de paz interna e externa. Isso já não acontecia com outros países europeus. A França e a Inglaterra lutavam na Guerra dos Cem Anos, e a Espanha tentava expulsar os mouros de Granada, seu último reduto.

O plano português para atingir as Índias era contornar o continente africano. Em 1415, uma poderosa esquadra rumou para Ceuta, cidade dominada pelos árabes que ficava do lado africano do estreito de Gibraltar. Após violenta luta, a cidade caiu em mãos lusitanas. A conquista de Ceuta foi importante, pois, além de ser um centro comercial, constituía um ponto estratégico para o controle do litoral africano.

O governo de Portugal incentivou o aperfeiçoamento da navegação, fator determinante para o pioneirismo do país.

5. Explique como se deu o fortalecimento do grupo mercantil português no século XV.

6. A primeira conquista portuguesa fora do continente europeu foi _____, no norte da _____. Era o primeiro passo para realizar o plano de atingir as _____ fazendo o contorno da _____.

7. Cite um fator técnico para o pioneirismo de Portugal.

8. Por que a Espanha, a França e a Inglaterra não tinham condições de iniciar as navegações ao mesmo tempo que Portugal?

Em 1488, **Bartolomeu Dias** atingiu o extremo sul do continente africano, contornando o cabo das Tormentas, mais tarde denominado cabo da Boa Esperança. Essa expedição provou que o plano de navegação de Portugal estava correto, ao mostrar que era possível contornar a África para chegar às Índias.

9. Quais os efeitos da tomada de Constantinopla para as navegações?

Gradativamente, os portugueses avançavam pelas costas do continente africano. Em 1419, iniciaram a colonização da ilha da Madeira. Quando descobriram o arquipélago dos Açores, iniciaram ali o cultivo da cana-de-açúcar, aproveitando a mão de obra escrava africana.

Em 1453, os turco-otomanos conquistaram a cidade de Constantinopla, capital do Império Bizantino e importante centro comercial da época. Apesar de utilizarem outros portos comerciais, como o de Alexandria, a queda de Constantinopla prejudicou o comércio das cidades italianas, que passaram a ter mais dificuldade para conseguir as especiarias e os produtos de luxo.

Houve elevação dos preços dos produtos orientais, o que tornou mais urgente a descoberta de um caminho marítimo para as Índias.

OS PORTUGUESES CHEGAM ÀS ÍNDIAS E ÀS TERRAS QUE SERIAM O BRASIL

Em 1497, o rei de Portugal, dom Manuel, organizou a expedição de **Vasco da Gama** com destino às Índias. No ano seguinte, a expedição chegou à cidade de Calicute, na Índia. Estava descoberta a nova rota marítima. O comércio foi feito, mas faltava ainda estabelecer o domínio português na região.

A descoberta desse novo caminho marítimo acabou com o monopólio das cidades italianas. A partir daí, o controle comercial dos produtos de luxo e das especiarias ficou, durante algum tempo, nas mãos dos portugueses.

Em 1500, o rei dom Manuel organizou uma poderosa esquadra com o objetivo de iniciar o comércio nas Índias e entregou o comando a **Pedro Álvares Cabral**.

Cabral partiu de Portugal no dia 9 de março, com 13 navios e cerca de 1.200 homens. Entretanto, em vez de ir diretamente para as Índias, afastou-se das costas africanas, atravessou o Atlântico e, no dia 22 de abril, avistou terra. Portugal transformou essa terra em uma colônia.

Apesar de muitos acidentes, nos quais vários navios se perderam, Cabral chegou ao continente asiático e estabeleceu feitorias portuguesas. Alguns anos depois, o domínio português nas Índias foi consolidado e propiciou um lucrativo comércio.

AS NAVEGAÇÕES ESPANHOLAS

Com a expulsão dos mouros de seu território, em 1492, a Espanha foi o segundo país europeu a adquirir condições de empreender o movimento de navegações, com o objetivo de chegar às Índias.

Nesse mesmo ano, o navegante genovês **Cristóvão Colombo**, que acreditava poder atingir o Oriente pelo Ocidente, dando a volta ao mundo, teve seu plano aceito pelos reis católicos espanhóis Fernando e Isabel.

No dia 3 de agosto, Colombo partiu do porto de Palos com três caravelas: Santa Maria, Pinta e Niña. Em 12 de outubro, após viajar por mar aberto, a expedição desembarcou na ilha de Guanaani (atual São Salvador). Depois de alguns dias, Colombo atingiu a ilha de Cuba e pensou estar na ilha de Cipango, no Japão. Os espanhóis encontraram outras ilhas, como a do atual Haiti, à qual deram o nome de La Española.

Em março do ano seguinte, Colombo voltou à Espanha e foi recebido festivamente pelos reis. Realizou mais três viagens à América. Morreu em 1506, na cidade de Valladolid. Sempre acreditou que havia chegado a terras do continente asiático.

10. No ano de _____, _____ chegou às Índias, concretizando o plano português de navegação. A descoberta dessa nova rota acabou com o monopólio das _____ sobre o comércio de _____ e de _____

11. Qual era o objetivo da viagem de Pedro Álvares Cabral? Esse objetivo foi atingido? Justifique.

> Foi o geógrafo florentino Américo Vespúcio quem provou tratar-se de um novo continente. Por isso, em sua homenagem, este recebeu o nome de América.

12. A Espanha só teve condições de iniciar as navegações depois que os _____ foram expulsos de seu território, em _____. Os reis espanhóis _____ e _____ aceitaram o plano de navegação do genovês _____, que desejava atingir o _____ navegando rumo ao _____.

13. Qual foi o resultado da expedição de Cristóvão Colombo?

14. Por que o novo continente descoberto pelos europeus se chamou América?

> A Espanha realizou outras viagens, além daquela que resultou no descobrimento da América:
> - 1508 – **Vicente Yáñez Pinzón** e **Juan Díaz de Solís** atingiram o México;
> - 1513 – **Vasco Nunes Balboa** descobriu o oceano Pacífico;
> - 1515 – **Juan Díaz de Solís** explorou o rio da Prata;
> - 1519 – **Fernão de Magalhães**, português a serviço da Espanha, deu início à primeira viagem de circunavegação. Assassinado por nativos nas Filipinas, sua expedição passou a ser comandada por Sebastião de Elcano, que completou a viagem.

15. Associe corretamente o nome da região geográfica com o do navegador que a descobriu.

a) México

b) Oceano Pacífico

c) Rio da Prata

d) Primeira viagem de circunavegação

( ) Fernão de Magalhães.

( ) Juan Díaz de Solís.

( ) Vicente Yáñez Pinzón e Juan Díaz de Solís.

( ) Vasco Nunes Balboa.

OS TRATADOS DE DIVISÃO DE TERRAS

A concorrência espanhola nas navegações preocupou o governo português. Ele temia pela rota oriental que procurava e pelas terras que já havia descoberto.

A descoberta de terras ocidentais pelos espanhóis despertou em Portugal o interesse em assegurar para si parcela dessa região. A disputa entre os países ibéricos foi encaminhada ao papa Alexandre VI, que, em 1493, expediu a **Bula Inter Coetera**. Por ela, a Espanha ficava com a posse de terras situadas a ocidente de uma linha meridiana imaginária, traçada de polo a polo, a 100 léguas das ilhas de Açores e Cabo Verde.

O rei de Portugal, dom João II, considerando que seu país fora prejudicado, protestou contra a decisão do papa. Diante da reação de Portugal, os reis da Espanha aceitaram estabelecer diretamente outro acordo, que resultou, em julho de 1494, no **Tratado de Tordesilhas**. Ficava estabelecido um meridiano traçado a 370 léguas a oeste das ilhas de Cabo Verde. As terras situadas a oeste desse meridiano pertenceriam à Espanha e as terras a leste, a Portugal. Em 1506, por solicitação do rei português, o papa Júlio II ratificou o tratado.

Com o Tratado de Tordesilhas, Portugal ficou com o domínio de quase todo o Atlântico Sul, que era importante como defesa de sua rota para chegar às Índias. Abriu-se também a possibilidade de tomar posse de terras ocidentais as quais Portugal supunha a existência.

16. Complete os quadros sobre o Tratado de Tordesilhas e a Bula Inter Coetera:

	Bula Inter Coetera
Ano	
O que decidia	
Quem decidiu	

Tratado de Tordesilhas	
Ano	
O que decidia	
Quem decidiu	

AS NAVEGAÇÕES INGLESAS

Os ingleses entraram no movimento das Grandes Navegações no fim do século XV e contaram inclusive com a ajuda de navegantes de outras nacionalidades. Pretendiam chegar ao continente asiático por uma passagem a noroeste da América.

As principais viagens inglesas foram:

- em 1497, **João Caboto**, italiano a serviço da Inglaterra, chegou à América do Norte;
- **Martin Frobisher**, ao tentar a passagem a noroeste, descobriu uma baía que recebeu o seu nome;
- **Francis Drake**, corsário, realizou a segunda viagem de circunavegação;
- **Walter Raleigh** tentou fundar, em 1585, a primeira colônia inglesa (Carolina do Norte), porém não obteve êxito.

17. Quando os ingleses entraram no movimento das Grandes Navegações? Qual era o objetivo deles?

AS NAVEGAÇÕES FRANCESAS

Após se refazer dos efeitos da Guerra dos Cem Anos e completar o processo de centralização do poder real, a França entrou no movimento das Grandes Navegações. Os franceses, que também estavam interessados nas riquezas do Oriente, pretendiam, como os ingleses, chegar ao continente asiático por uma passagem pelo noroeste da América.

As principais viagens feitas pelos franceses foram as seguintes:

- em 1524, **Sebastião Verrazzano**, italiano a serviço da França, atingiu a Terra Nova, no Canadá;
- em 1534, **Jacques Cartier** explorou o rio São Lourenço;
- no século XVII, **Samuel Champlain** iniciou a colonização do Canadá, fundando a cidade de Québec.

18. A França só pôde dar início à sua expansão marítima depois da _____ e de completar o processo de

19. Cite as principais viagens francesas feitas no século XVI.

OS EFEITOS DOS DESCOBRIMENTOS MARÍTIMOS

As navegações provocaram o aumento das relações comerciais entre o Oriente e o Ocidente, o deslocamento do eixo econômico do Mediterrâneo para o Atlântico, a entrada de metais preciosos na Europa, a ascensão econômica da burguesia, o fortalecimento do poder real e a formação de impérios coloniais. A todas essas transformações na economia europeia dá-se o nome de **Revolução Comercial.**

Nessa época, uma série de práticas econômicas era adotada pelos Estados europeus. Essas práticas, no seu conjunto, foram denominadas de mercantilismo, que se caracterizava pelo controle estatal da economia, acúmulo de metais preciosos, maior exportação e menor importação, protecionismo e colonialismo.

---

20. Entendemos por Revolução Comercial o conjunto de transformações que ocorreram como resultado das _____. Entre essas transformações podemos citar:

21. Como se chamaram as práticas econômicas adotadas pelos Estados na época da Revolução Comercial e quais as suas características?

Revisão

1. No século XI, a Europa vivenciou uma série de transformações, dentre as quais podemos destacar:

a) O declínio da população por causa da devastação das áreas de cultivo pelas guerras. (   )

b) O renascimento do comércio e, em consequência, das cidades, o que fez surgir uma nova camada social, a burguesia. ( )

c) O enfraquecimento da realeza, porque a nova e poderosa classe mercantil passou a combatê-la. ( )

d) A organização de expedições marítimas para descobrir outras rotas que levassem às Índias. ( )

2. Dentre os fatores que contribuíram para a expansão marítima europeia, também chamada de movimento das Grandes Navegações, podemos destacar:

a) Interesse pelo comércio de produtos de luxo e especiarias e necessidade de quebrar o monopólio das cidades italianas no mar Mediterrâneo. ( )

b) Procura de um novo caminho marítimo para as Índias, possibilitada pelo progresso técnico e científico da navegação. ( )

c) Aliança entre o rei e a burguesia para buscar a centralização do poder. ( )

d) Todas as alternativas anteriores estão corretas. ( )

3. O fortalecimento do grupo mercantil português no século XV aconteceu em decorrência de:

a) Portugal ter-se tornado um entreposto na rota comercial que se iniciava nas cidades italianas e atravessava o estreito de Gibraltar, rumo ao mar do Norte. ( )

b) Uma longa guerra contra os árabes, que favoreceu os comerciantes de armas. ( )

c) Patrocínio da realeza, que pagava e incentivava a construção de navios mercantes. ( )

d) Todas as alternativas anteriores estão corretas. ( )

4. Para o empreendimento das navegações, o grupo mercantil português se associou com a

. Nasceu então o plano português de navegação, que pretendia

.

5. Espanha, França e Inglaterra não tinham condições de iniciar as navegações ao mesmo tempo que Portugal em razão de:

a) Estarem envolvidas em guerras e sem um governo centralizado. ( )

b) Terem ficado de fora da partilha de terras realizada pelo Tratado de Tordesilhas. ( )

c) Terem sido formalmente proibidas de navegar pela Igreja Católica. ( )

d) Serem aliadas das cidades italianas, que já monopolizavam o comércio marítimo. ( )

6. Entendemos por Revolução Comercial:

a) O conjunto de transformações econômicas que ocorreram na Europa por causa das Grandes Navegações. ( )

b) A ascensão política da burguesia, que derrotou a realeza. ( )

c) O fim do comércio marítimo no Mediterrâneo. ( )

d) O desaparecimento de todas as moedas que circulavam na Europa na época do feudalismo. ( )

7. As práticas econômicas adotadas na época da Revolução Comercial foram denominadas de

.

8. Antes mesmo de tomar posse das terras que seriam o Brasil, Portugal já se tornou seu dono, graças a uma partilha de territórios feita com a Espanha. Estamos nos referindo:

a) À Bula Inter Coetera. ( )

b) Ao Tratado de Tordesilhas. ( )

c) Ao Tratado de Santo Ildefonso. ( )

d) À Bula Rerum Novarum. ( )

4. O Renascimento

Denominou-se Renascimento o movimento cultural e artístico dos séculos XV e XVI que refletiu a nova mentalidade do homem europeu. Essa nova mentalidade, pela qual o homem se colocava no centro do Universo, abandonando o **teocentrismo** (ideia de que Deus é o centro do Universo), foi fruto de uma série de transformações, como o ressurgimento do comércio e da vida urbana, no fim da Idade Média, e o aparecimento de uma nova camada social, a burguesia, que lutava para libertar-se dos obstáculos os quais impediam o desenvolvimento dos seus negócios.

A Itália foi o berço do Renascimento, graças ao desenvolvimento econômico de suas cidades, que controlavam o comércio no mar Mediterrâneo.

No século XV, a cidade de Florença constituía o principal núcleo da produção renascentista. Por quase um século, foi governada pela família Médicis, cujos membros, principalmente Lourenço, patrocinaram grande número de pensadores e artistas.

1. O que foi o Renascimento?

2. O que se entende por teocentrismo?

3. Quais transformações ocorridas no fim da Idade Média favoreceram o Renascimento?

4. A _____ foi o berço do Renascimento, graças ao _____, que controlavam o _____ no mar Mediterrâneo.

5. Em Florença, a família _____ patrocinou grande número de _____ e _____.

No século XVI, a cidade de Roma passou a ter a supremacia da arte renascentista, pois era para ela que convergiam os recursos financeiros de toda a cristandade. A enorme riqueza que chegava à cidade era administrada pelos papas e cardeais, que também se tornaram protetores das artes. Esses patrocinadores, burgueses ricos, príncipes, cardeais, papas, eram chamados de **mecenas**, nome derivado de Caio Mecenas, protetor de literatos e artistas na época do imperador romano Otávio Augusto. Com o financiamento que recebiam, os artistas plásticos, poetas e escritores tinham condições de se dedicar totalmente ao seu trabalho e desenvolver seus estudos, que levaram à criação de técnicas na arquitetura, na escultura e na pintura.

O HUMANISMO, BASE DO RENASCIMENTO

O humanismo, ou seja, a valorização do homem, foi o elemento principal do Renascimento. Os humanistas defendiam a bondade natural do homem e sua capacidade de desenvolvimento. Em relação à Igreja, adotavam uma atitude crítica, pois não aceitavam o teocentrismo. Sem negar Deus, os valores cristãos e a fé, defendiam o **antropocentrismo**, isto é, consideravam o homem a grande obra de Deus, como o centro do Universo e o uso da razão como instrumento do saber.

Os humanistas inspiraram-se nos princípios artísticos clássicos (gregos e romanos) para suas produções. Defendiam que os gregos e os romanos detinham um conhecimento mais amplo sobre a vida e a natureza.

As ideias humanistas tiveram grande difusão graças à invenção da imprensa por **Gutenberg** (1448). A imprensa estabeleceu-se em vários países europeus e permitiu que rapidamente se espalhassem os ideais humanistas, pois podiam ser impressas muitas cópias de um mesmo livro.

6. No século XVI, a cidade de _____ passou a ter a _____ da arte _____, pois para ela convergiam os _____ de toda a cristandade.

7. Quem eram os mecenas? De onde surgiu essa palavra?

8. A base filosófica do Renascimento foi o _____, isto é, a ideia de que o _____ é a grande obra de Deus, o centro do Universo, e de que a _____ é um instrumento do saber.

9. A inspiração dos artistas renascentistas vinha dos _____ e _____, os quais eram considerados profundos conhecedores _____.

10. Para a difusão das ideias humanistas, foi de extrema importância a invenção da _____, por _____, em _____.

11. Podemos apontar como fatores que tornaram a Itália o berço do Renascimento:

   a) O desenvolvimento _____ e o _____ das cidades italianas.

   b) A existência na Península Itálica de inúmeras _____ e _____ dos antigos gregos e romanos, ou seja, da cultura _____.

   c) A influência cultural dos _____ e dos _____.

O RENASCIMENTO ITALIANO

O Renascimento teve início na Itália, na primeira metade do século XIV. Contribuiu para isso, ao lado do desenvolvimento comercial e do enriquecimento das cidades italianas, o fato de que em muitas regiões da Península Itálica havia obras e monumentos da cultura clássica estudada pelos humanistas. Além disso, os italianos sofreram influência cultural dos bizantinos e árabes. Com a invasão dos turcos, muitos sábios de Bizâncio fugiram para a Itália levando documentos da cultura clássica. Dos árabes, a Itália recebeu conhecimentos científicos e invenções trazidas do Oriente.

Os principais nomes do Renascimento italiano foram:
- **Dante Alighieri** – autor do século XIV que escreveu *A divina comédia*.
- **Francesco Petrarca** – grande humanista do Renascimento, foi estudioso dos manuscritos latinos. Escreveu as *Epístolas*, em que se encontra o poema épico *De África*.
- **Giovanni Boccaccio** – o escritor que se imortalizou com a obra *Decameron*.
- **Giotto** – pintor da cidade de Florença, autor de *São Francisco pregando aos pássaros* e *Lamento ante Cristo morto*.
- **Sandro Botticelli** – são de sua autoria a *Alegoria da primavera* e *O nascimento de Vênus*.
- **Leonardo da Vinci** – florentino, foi pintor, escultor, engenheiro, músico, filósofo, poeta. Autor de *A última ceia* e *Mona Lisa*.
- **Nicolau Maquiavel** – destacou-se no pensamento político. Autor de *O príncipe*, livro no qual aponta as dificuldades dos governantes para se manterem no poder. O príncipe teria a permissão de usar qualquer

artifício para obter os resultados que desejava para o seu reino, o seu Estado; por isso a adoção da máxima *Os fins justificam os meios*, ou seja, ele devia usar de todos os meios de que dispusesse para realizar o seu governo e impor a sua autoridade.

- **Michelangelo Buonarroti** – foi pintor, escultor e arquiteto. Fez as esculturas *Moisés*, *Pietà* e *Davi*. Na pintura, imortalizou-se com o *Juízo final*, no teto da Capela Sistina (no Vaticano).
- **Rafael Sanzio** – O pintor das *Madonas* e também autor das obras *Escola de Atenas*, *A sagrada família* e outras.
- **Donato Bramante** – arquiteto que se destacou com o projeto da Basílica de São Pedro, em Roma.

Mona Lisa, obra de Leonardo da Vinci.

12. No livro *O príncipe*, uma das máximas é "Os fins justificam os meios". O que o autor queria dizer?

13. Associe corretamente.

a) Dante Alighieri
b) Francesco Petrarca
c) Giovanni Boccaccio
d) Giotto
e) Sandro Botticelli
f) Leonardo da Vinci
g) Nicolau Maquiavel
h) Michelangelo Buonarroti
i) Rafael Sanzio
j) Donato Bramante

( ) Foi pintor, escultor e arquiteto. Imortalizou-se ao pintar o teto da Capela Sistina.

( ) Escritor que se imortalizou com a obra *Decameron*.

( ) Autor de *A divina comédia*.

( ) Arquiteto que se destacou com o projeto da Basílica de São Pedro.

( ) Pintou *O nascimento de Vênus*.

( ) Pensador político, autor do livro *O príncipe*.

( ) Pintor florentino, autor de *São Francisco pregando aos pássaros*.

( ) Escritor do poema épico *De África*.

( ) Um de seus quadros mais famosos é *Mona Lisa*.

( ) Foi o pintor das *Madonas*.

A EXPANSÃO DO RENASCIMENTO

Da Itália o Renascimento atingiu outras nações europeias.

Países Baixos

Nos Países Baixos, destacaram-se na pintura **Jan van Eyck**, com a obra *O casal Arnolfini*, cujo tema era o universo de negócios da burguesia, e **Rembrandt**, com *Lição de anatomia*.

No campo da literatura e da filosofia, pode-se citar **Erasmo de Rotterdã**, autor do *Elogio da loucura*, uma crítica aos excessos da sociedade, às superstições, aos fanatismos e aos abusos do clero.

Alemanha

Destacou-se **Albrecht Dürer**, grande pintor que procurou imprimir uma representação fiel da realidade. Sua obra mais importante é *Adoração dos magos*. Outro pintor de destaque, **Hans Holbein**, retratou personalidades importantes da época, como Erasmo de Rotterdã.

França

Na literatura francesa, destacam-se os escritores **Rabelais**, com sua obra *Gargântua*, e **Montaigne**, com seu livro *Ensaios*.

Na arquitetura, destacaram-se **Pierre Lacost**, o reconstrutor do Louvre, antigo castelo real, e **Philibert Delorne**, que dirigiu a construção do Palácio de Fontainebleau.

Inglaterra

Na Inglaterra, foi a dinastia dos Tudor que incentivou o Renascimento, porém não houve artistas nacionais de peso. O destaque ficou por conta de **William Shakespeare**, o notável dramaturgo que imortalizou *Romeu e Julieta*, *Hamlet*, *Otelo* e *Ricardo III*.

Península Ibérica

Na Península Ibérica, o Renascimento coincidiu com a expansão comercial e ultramarina.

Na Espanha sobressaíram **Miguel de Cervantes Saavedra**, o autor de *Dom Quixote de la Mancha*, **Francisco Quevedo**, que escreveu *Política de Deus*, os pintores **Velásquez**, autor da obra *As meninas*, e **El Greco**, autor de *O enterro do Conde de Orgaz*, e o escultor **Bartolomé Ordóñez**, que esculpiu *Cenas da vida de Santa Eulália*, na Catedral de Barcelona.

Em Portugal, o conteúdo renascentista foi seguido por **Luís Vaz de Camões**, que escreveu o poema da epopeia portuguesa, *Os lusíadas*, e pelo dramaturgo **Gil Vicente**, o criador do teatro português, destacando-se dentre suas obras o *Auto da barca do inferno*.

14. Complete com o que se pede.

a) *Elogio da loucura* é obra de _____, um dos mais importantes pensadores renascentistas dos _____.

b) O grande _____ inglês, considerado o maior de todos os tempos, criador de *Romeu e Julieta*, foi _____.

c) Em _____, o grande poeta renascentista _____ escreveu a epopeia *Os lusíadas*.

O RENASCIMENTO NAS CIÊNCIAS

O humanismo, estimulando a investigação e a pesquisa, também contribuiu para o desenvolvimento das ciências. Entre os principais nomes das ciências na época renascentista, podem ser citados:

- **Roger Bacon** – defensor do método de observação da natureza para o conhecimento de suas leis.
- **Nicolau Copérnico** – monge polonês, autor da teoria heliocêntrica, segundo a qual o Sol é o centro do Sistema Solar e os planetas giram em torno dele.
- **Kepler** – astrônomo alemão que descobriu a órbita elíptica dos planetas em torno do Sol.
- **Galileu Galilei** – matemático, físico e astrônomo italiano que confirmou o heliocentrismo, aperfeiçoou a luneta astronômica e descobriu os satélites de Júpiter e as manchas solares.
- **Isaac Newton** – matemático, físico e astrônomo inglês que descobriu a lei da gravitação universal e da decomposição dos corpos.

Na Medicina, destacaram-se **André Vesálio**, estudioso do corpo humano pela dissecação de cadáveres, **Harvey**, inglês que descreveu a pequena circulação do sangue, e **Ambroise Paré**, que aperfeiçoou o método de tratar ferimentos por arma de fogo.

---

15. Cite três cientistas do Renascimento e comente sobre suas obras.

Revisão

1. Sobre o Renascimento, é correto afirmar:

   a) Refletiu a nova mentalidade do homem europeu, pela qual ele se colocava no centro do Universo. ( )

   b) Era um movimento de crítica rigorosa ao cristianismo, o qual foi abandonado de vez. ( )

   c) Refletia os interesses apenas da nobreza, que desejavam "renascer" depois da decadência do feudalismo. ( )

   d) Seus artistas e escritores foram, na maioria, expulsos da Igreja e perseguidos como hereges. ( )

2. No fim da Idade Média, favoreceram o Renascimento:

   a) A Guerra dos Cem Anos. ( )

   b) O ressurgimento do comércio e da vida urbana. ( )

   c) O aparecimento de uma nova camada social, o clero. ( )

   d) A decadência da Igreja Católica. ( )

3. Cite três motivos de a Itália ter sido o berço do Renascimento.

Anotações

5. As reformas religiosas

No século XVI, a Igreja Católica viu-se ameaçada por movimentos separatistas que levaram boa parte da população europeia a abandonar o catolicismo. A essa ruptura da unidade religiosa dá-se o nome de **Reforma** ou **Reforma Protestante**. Ela foi iniciada na Alemanha, por **Martinho Lutero**.

A Reforma foi um movimento de caráter religioso, político e econômico, fruto das novas condições que caracterizaram a época moderna.

A Igreja Católica atravessava uma situação de crise em sua organização. Durante longos períodos dos séculos XV e XVI, os papas se preocupavam mais com as coisas materiais do que com os problemas religiosos. Intervinham até mesmo nas questões políticas dos países.

Além disso, havia o despreparo de muitos clérigos, que tinham conseguido seus cargos de maneira irregular, o afastamento dos bispos de suas dioceses, o não cumprimento do voto de castidade por vários sacerdotes e a venda de relíquias religiosas falsas e de **indulgências**.

Uma indulgência é o perdão, em parte ou na totalidade, do castigo temporal do pecado. Inicialmente, esse perdão era conseguido por meio de ações caridosas, preces e participação nas lutas para combater os infiéis. Mas a Igreja, pretendendo angariar dinheiro, passou a vender indulgências por vultosas quantias.

1. Como se caracterizava a crise da Igreja Católica na época da Reforma?

2. O que foi a Reforma ou Reforma Protestante? Quem a iniciou e onde?

3. Por que a questão das indulgências atraía críticas à Igreja Católica na época da Reforma?

> Durante toda a Idade Média, a Igreja Católica foi a única instituição centralizada e que controlava a sociedade europeia, mantendo-a unida pelo pensamento cristão. No entanto, o desenvolvimento do comércio, o renascimento da vida urbana, a centralização política e o fortalecimento do poder dos reis, além do humanismo, alteraram essa situação.
>
> Muitos governantes não mais admitiam a interferência do papa nos negócios do Estado. A burguesia não aceitava a condenação da usura pregada pela Igreja. Havia também o desejo de muitos príncipes e reis de se apossarem das terras e riquezas da Igreja e o ressentimento contra os tributos exigidos pelos papas.

4. Coloque F para falso e V para verdadeiro.

a) A Reforma não foi apenas uma ruptura religiosa com o catolicismo, mas significou também um movimento político e econômico. ( )

b) O apoio de governantes ao movimento da Reforma pode ser explicado pelo interesse desses setores em combater a interferência da Igreja Católica nos negócios do Estado. ( )

c) A Igreja condenava a prática de venda de indulgências, o que levou a burguesia a apoiar o movimento reformista. ( )

d) O movimento da Reforma foi exclusivamente religioso, nada tendo a ver com questões da política ou da economia. ( )

> **OS PRIMEIROS REFORMISTAS**
>
> Vários líderes surgiram nessa época reivindicando mudanças na Igreja Católica. Eles são considerados os primeiros reformadores.
>
> - **John Wyclif** – professor da Universidade de Oxford, pregou o confisco dos bens da Igreja. Considerava que a Bíblia era a única fonte de verdade e que deveria ser interpretada livremente pelos fiéis. Defendeu a diminuição da importância do clero e

propunha a simplificação da missa. Suas ideias foram consideradas heréticas e ele foi excomungado.

- **Jan Huss** – professor da Universidade de Praga, manteve posição semelhante à de Wyclif. Criticava os excessos do clero e a hierarquia da Igreja. Defendia que os cultos deveriam ser feitos na língua nacional do país, para que os fiéis pudessem entendê-los e deles participar. No entanto, foi preso e condenado à morte na fogueira.

A REFORMA LUTERANA

Na Alemanha, o líder do movimento reformista foi o monge agostiniano Martinho Lutero (1483-1546). De origem humilde, fez os estudos universitários e foi professor de Teologia na Universidade de Wittenberg.

Nessa época, a Alemanha estava dividida em vários Estados, que faziam parte do Sacro Império Romano-Germânico. Essa fragmentação política colaborava para que o poder da Igreja fosse muito grande nessa região. O Sacro Império vivia uma situação econômica difícil. A agricultura apresentava ainda características feudais, e a Igreja detinha a propriedade de um terço das terras.

O interesse dos príncipes em confiscar os bens da Igreja, os abusos e a corrupção do clero e a reação dos camponeses, os quais eram explorados pelos senhores, foram fatores que provocaram a Reforma na Alemanha.

A ação reformista de Lutero foi motivada pela venda de indulgências na Alemanha, autorizada pelo papa Leão X. O sumo pontífice esperava obter fundos para terminar a construção da nova Basílica de São Pedro.

Em 1517, Lutero afixou nas portas da Catedral de Wittenberg 95 teses, condenando muitas das ações da Igreja e fazendo um apelo para que ela se reformasse. Essas teses foram escritas em latim, mas, logo depois, traduzidas para o alemão, espalharam-se pela Alemanha.

O papa Leão X, em 1520, excomungou Lutero, que queimou a bula de excomunhão em praça pública. Para que se retratasse, o imperador Carlos V convocou uma Dieta (assembleia com os representantes dos Estados alemães), em Worms, mas Lutero manteve-se firme em sua posição. Ameaçado de morte, refugiou-se no castelo do duque da Saxônia, onde traduziu a Bíblia para o alemão. A partir desse momento, estruturou toda a sua doutrina.

5. _____ e _____ são considerados os primeiros reformadores. Pregaram mudanças na _____ e por isso foram perseguidos. O primeiro foi _____ e o segundo foi _____.

6. Quem foi Martinho Lutero?

7. Como era a situação da Alemanha na época da Reforma Luterana?

8. Foram fatores que provocaram a Reforma na Alemanha:

a)

b)

c)

9. Numere as frases abaixo de acordo com a sequência histórica correta.

( ) Lutero não aceitou a imposição da assembleia com os representantes dos Estados alemães.

( ) O papa Leão X excomungou Lutero.

( ) Lutero afixou nas portas da Catedral de Wittenberg 95 teses, condenando muitas das ações da Igreja e fazendo um apelo para que ela se reformasse.

( ) Lutero, a partir dessa época, estruturou toda a sua doutrina.

( ) As teses de Lutero foram traduzidas para o alemão e espalharam-se pela Alemanha.

( ) Lutero queimou a bula de excomunhão papal em praça pública.

( ) O papa Leão X autorizou a venda de indulgências na Alemanha.

( ) Lutero, ameaçado de morte, refugiou-se no castelo do duque da Saxônia, onde traduziu a Bíblia para o alemão.

( ) O imperador Carlos V convocou a Dieta de Worms, exigindo que Lutero se retratasse.

10. A doutrina luterana combatia:

a) O livre exame da Bíblia. ( )

b) A substituição do latim pelo alemão nos cultos. ( )

c) A simplificação do ritual religioso. ( )

d) O uso de imagens religiosas. ( )

11. Qual é o ponto básico do luteranismo?

O PENSAMENTO RELIGIOSO DE LUTERO

As principais teses que Martinho Lutero defendia eram as seguintes:

- **Justificação pela fé** – apenas a fé em Deus assegurava a salvação do homem. É o ponto básico da doutrina luterana.
- **Reconhecimento de apenas dois sacramentos:** o **batismo** e a **eucaristia** – na eucaristia, Lutero negava a transubstanciação (mudança do pão e do vinho em carne e sangue de Cristo), mas aceitava a consubstanciação (presença de Jesus no pão e no vinho).
- **Livre exame da Bíblia ou livre interpretação da Bíblia** – considerada a única fonte da revelação.

Lutero negava a hierarquia clerical, o celibato do clero e a infalibilidade do papa. Defendia a simplificação do ritual religioso, o não uso de imagens, a secularização dos bens eclesiásticos e a substituição do latim pelo alemão nos cultos.

O AVANÇO DO LUTERANISMO

A doutrina luterana estendeu-se com bastante rapidez por toda a Alemanha. Muitos príncipes e nobres, interessados nas terras da Igreja, aderiram ao luteranismo. Os camponeses também se tornaram luteranos e se revoltaram.

Foi tal o avanço do luteranismo, que o imperador Carlos V convocou, em 1529, uma nova Assembleia, dessa vez na cidade de Spira, que reconheceu a nova religião, mas proibiu a sua propagação. Foi por causa do protesto dos partidários de Lutero contra essa proibição que os reformistas passaram a ser chamados de protestantes.

Em 1530, Filipe Melanchton elaborou uma exposição da doutrina luterana, conhecida como a **Confissão de Augsburgo**. Um ano depois, os príncipes luteranos uniram-se contra o imperador Carlos V, formando a Liga de Smalkade. Esse conflito somente foi resolvido em 1555, com a assinatura da **Paz de Augsburgo**. Ela representou o triunfo da nova corrente religiosa, pois se estabeleceu que cada príncipe determinaria a religião de sua região e, consequentemente, de seus súditos.

O luteranismo atingiu uma vasta área do Sacro Império Romano-Germânico. A Reforma teve aceitação em vários países. Atingiu a França e os Países Baixos, onde os adeptos eram chamados de **huguenotes**, na Inglaterra, de **puritanos** e, na Escócia, de **presbiterianos**.

O anglicanismo limitou-se à Inglaterra.

12. Como ocorreu o avanço da doutrina luterana na Alemanha?

13. Qual foi a decisão da Assembleia de Spira?

14. Por que os luteranos passaram a ser chamados de "protestantes"?

15. Em 1555, o conflito entre os príncipes _____ e o imperador _____ foi finalmente resolvido, com a assinatura da _____. Ficou decidido que _____.

A REFORMA CALVINISTA

As ideias de Lutero influenciaram outros movimentos contra a Igreja Católica. Na Suíça, Ulrico Zwinglio deu início a um movimento reformista.

Sua obra foi continuada por um francês, **João Calvino**, formado em Teologia pela Universidade de Paris e defensor do humanismo. Propagou sua doutrina na França, mas, perseguido, fugiu para Genebra, na Suíça, onde divulgou sua doutrina, compilada na obra *Instituição da religião cristã*. Dentre seus preceitos religiosos, destacam-se os seguintes:

- a salvação não depende da fé ou das obras, mas o homem já nasce predestinado à salvação ou à condenação;

- a aceitação da Bíblia como única fonte da verdade;
- a exclusão do culto aos santos e às imagens;
- o combate ao celibato clerical e à autoridade papal;
- a manutenção dos sacramentos do batismo e da eucaristia;
- a justificação da usura.

A doutrina calvinista teve grande aceitação entre os membros da camada burguesa, pois esse reformador valorizava o trabalho e a riqueza.

O triunfo definitivo da doutrina calvinista deu-se quando o reformador assumiu o governo de Genebra (1541), onde estabeleceu uma rígida ditadura.

16. Quem foi e o que fez João Calvino?

17. Cite três princípios do calvinismo.

a)

b)

c)

18. A doutrina calvinista teve grande aceitação entre os membros da camada _____, pois esse reformador valorizava o _____ e a _____.

A REFORMA ANGLICANA

Na Inglaterra havia condições favoráveis à eclosão de um movimento reformista:

- a influência das ideias de John Wyclif;
- o nacionalismo;
- a evasão das rendas inglesas, em razão dos tributos católicos;
- a necessidade dos reis ingleses de se livrarem da influência de Roma para centralizar o poder.

O motivo que desencadeou a Reforma Anglicana foi o rompimento entre o rei inglês Henrique VIII e o papa Clemente VII. O rei queria que o papa anulasse seu casamento com Catarina de Aragão para poder desposar Ana Bolena. Como o papa se recusou, o rei reuniu um tribunal composto de bispos ingleses que aprovou o matrimônio real.

Henrique VIII foi excomungado pelo papa e, em 1534, o Parlamento inglês aprovou o **Ato de Supremacia**, pelo qual o monarca era reconhecido como o único chefe da Igreja nos territórios ingleses.

A Reforma Anglicana, ao contrário das de Lutero e Calvino, não foi radical, pois respeitou as normas e os rituais da Igreja Católica, negando apenas a autoridade do papa.

O anglicanismo consolidou-se definitivamente durante o reinado de Elizabeth I, quando esta obrigou o Parlamento a promulgar a Lei dos 39 Artigos (1562), que transformou a religião inglesa numa combinação dos rituais católicos e da doutrina calvinista.

20. O que desencadeou a Reforma Anglicana?

21. O que decidiu o Ato de Supremacia, de 1534?

19. Quais eram as condições que favoreciam uma reforma religiosa na Inglaterra?

A REFORMA CATÓLICA

O êxito das oposições reformistas deu origem a uma decidida reação da Igreja Católica, que se lançou a combatê-las com a finalidade de destruí-las e de impedir que pudessem prosperar novas correntes consideradas heréticas. Essa reação da Igreja é conhecida como **Contra-Reforma** ou **Reforma Católica**.

No século XVI, com o avanço do protestantismo, a Igreja Católica apressou sua reforma, e nesse movimento destacaram-se os chamados papas reformistas: Paulo III, Paulo IV, Pio V e Sisto V.

Em 1545, o papa Paulo III convocou o **Concílio de Trento**, que:
- reafirmou que a salvação dependia da fé e das ações da pessoa;
- impôs que a interpretação da Bíblia deveria ser feita pela Igreja;
- manteve os sete sacramentos, o celibato clerical, a indissolubilidade do matrimônio e o culto aos santos;
- criou os seminários, para melhor formar os sacerdotes;
- determinou a publicação de um resumo da doutrina cristã: o catecismo.

Outras medidas ordenadas pela Igreja foram a elaboração do *Index*, catálogo dos livros proibidos aos católicos, e o restabelecimento dos tribunais da **Inquisição**, cuja finalidade era reprimir as heresias. No entanto, eles acabaram se tornando um órgão de repressão, que combatia a liberdade individual. As pessoas acusadas eram submetidas a tortura para confessar sua culpa.

22. O que se entende por Contra-Reforma ou Reforma Católica?

23. Uma das medidas da Contra-Reforma foi a convocação do Concílio de _____, em _____, que tomou as seguintes decisões:

a) Reafirmou que _____.

b) Impôs que a interpretação da Bíblia _____.

c) Manteve _____.

d) Criou os _____, para melhor formar os _____.

e) Determinou a publicação de _____.

Para o sucesso da Reforma Católica, foi de grande importância a participação dos padres jesuítas.

A **Companhia de Jesus**, ou **Ordem dos Jesuítas**, foi fundada em 1534, por Inácio de Loyola. Depois de haver deixado a carreira militar e de ter feito vários estudos religiosos, Inácio de Loyola fundou uma ordem religiosa com rígida organização e disciplina e se dispôs a servir ao papado. Em 1540, a Companhia de Jesus foi oficializada pelo papa Paulo III.

Os jesuítas atuaram no setor educacional, destacaram-se na luta contra o protestantismo e dedicaram-se à conversão de grande parte dos povos indígenas do continente americano, na época recentemente descoberto, ao catolicismo.

25. Para o sucesso da Reforma Católica, foi importante a participação dos padres _____ , pertencentes à _____ , ou _____ , fundada por _____ .

Revisão

1. A Igreja Católica, no século XVI:

a) Achava-se muito bem estruturada e era voltada apenas para as questões espirituais. ( )

b) Tinha papas que se preocupavam mais com as coisas materiais do que com os problemas religiosos. ( )

c) Preparava rigidamente seus clérigos, em seminários onde estudavam Teologia. ( )

d) Combatia com muito rigor a venda de relíquias religiosas falsas e de indulgências. ( )

2. A questão que desencadeou a Reforma Luterana está ligada à:

a) Excomunhão de Lutero determinada pelo papa. ( )

b) Venda de indulgências, na Alemanha, para angariar fundos destinados a concluir as obras da Basílica de São Pedro. ( )

c) Publicação em toda a Europa de 95 teses de Lutero que criticavam a Igreja Católica. ( )

d) Exigência de Lutero de que o papa anulasse seu casamento para que pudesse se casar com outra mulher. ( )

3. A Reforma não foi apenas uma ruptura religiosa com o _____, mas significou também um movimento _____ e _____. Muitos governantes apoiaram o movimento porque desejavam combater _____.

4. Cite três princípios da doutrina luterana.

a)

b)

c)

5. Os luteranos passaram a ser chamados de "protestantes" porque:

a) Combatiam a Igreja Católica. ( )

b) Protestavam contra a venda de indulgências. ( )

c) Protestaram contra a decisão da Assembleia de Spira, de que era proibido divulgar a nova religião. ( )

d) Combatiam a alta de preços no comércio religioso de relíquias. ( )

6. Complete com o que se pede.

a) Na _____, a Reforma Anglicana começou com uma desavença entre o rei _____ e o papa _____. Entretanto, a religião só foi consolidada no governo de _____.

b) Na Suíça, _____ impôs sua doutrina religiosa quando assumiu o governo de Genebra e estabeleceu uma _____.

c) A _____ foi a classe social que apoiou o movimento reformista por desejar liberdade para enriquecer, sem que isso fosse considerado o pecado denominado _____.

d) Muitos membros da nobreza e da realeza apoiaram o movimento da _____ porque desejavam se apossar das _____ pertencentes à _____.

7. A Contra-Reforma ou Reforma Católica ocorreu por meio de várias medidas tomadas pela Igreja Católica, tais como:

a) Convocação do _____

b) Publicação do _____, um catálogo de _____.

c) Criação dos tribunais da _____ para combater as _____.

d) Organização da Ordem dos Jesuítas, ou _____, fundada por _____.

8. O que era o *Index*?

6. O absolutismo monárquico

O poder real, que desde o fim da Idade Média vinha se fortalecendo, consolidou-se nos séculos XVI e XVII, constituindo-se no absolutismo, um regime político no qual os poderes estavam concentrados nas mãos do rei.

Os soberanos absolutistas não admitiam nenhum controle no exercício de seu poder e impunham sua vontade à nação. Mantinham um exército nacional, muitas vezes com soldados mercenários. Tinham o poder de decretar as leis e administravam a justiça. Determinavam os impostos e controlavam a sua cobrança.

No Estado absolutista, a nobreza continuava a deter privilégios. Estava isenta do pagamento de impostos e conservava o direito de explorar o trabalho dos camponeses. O rei absolutista mantinha junto a si uma corte numerosa, vivendo luxuosamente, o que contribuía para aumentar os gastos públicos.

Para alguns nobres, o rei oferecia altos postos, como os Ministérios. Mas, como o rei absolutista precisava do apoio econômico da burguesia, a política econômica adotada voltava-se para o fortalecimento do comércio, possibilitando o enriquecimento da burguesia mercantil.

1. Qual foi a principal característica do absolutismo?

2. Como era o relacionamento entre a realeza e a burguesia na época do absolutismo?

AS IDEIAS EM DEFESA DO ABSOLUTISMO
Pensadores políticos modernos procuraram explicar ou justificar as origens e as razões do Estado absolutista. Entre eles, podem ser citados:
- **Nicolau Maquiavel** – escritor renascentista, em sua obra *O príncipe* justificou ser o absolutismo necessário para a manutenção de um Estado forte. Defendia que os governantes podiam usar todos os meios para manter o poder e a segurança do país. Como afirmava: "Os fins justificam os meios".
- **Thomas Hobbes** – sua teoria sobre o governo absoluto está exposta na obra *Leviatã*. Explica que os homens primitivos viviam em estado natural, sem leis para obedecer e agindo segundo os próprios interesses. Mas havia guerras constantes, que geravam insegurança. Para viverem melhor, eles fizeram um contrato, cedendo todos os seus direitos a um soberano forte.
- **Jean Bodin** e **Jacques Bossuet** – defensores da Teoria do Direito Divino. Viam nos monarcas absolutos a expressão mais perfeita da autoridade delegada por Deus na Terra, e, assim, os súditos não tinham o direito de se revoltar contra o governante.

3. De que maneira Nicolau Maquiavel defendia o absolutismo real?

4. Quem foi o autor de *Leviatã* e quais as ideias básicas dessa obra?

5. O que era a Teoria do Direito Divino? Quais os pensadores que a defendiam?

O ABSOLUTISMO NA FRANÇA

No século XVII, o absolutismo consolidou-se na França e atingiu o seu apogeu com a dinastia dos Bourbons. Seus representantes foram Henrique IV, Luís XIII, Luís XIV, Luís XV e Luís XVI.

O apogeu do absolutismo francês é representado pelo governo de **Luís XIV** (1643-1715). Ele herdou o trono quando tinha apenas 5 anos de idade, e, por isso, sua mãe, Ana d'Áustria, foi a regente, mas o poder de fato era exercido pelo ministro, o cardeal Mazzarino.

Esse ministro enfrentou revoltas conhecidas como **frondas**, tentativas da nobreza e da burguesia de se libertar do poder absoluto.

Quando o cardeal Mazzarino morreu, o poder do monarca Luís XIV, conhecido como o Rei Sol, já estava praticamente consolidado.

Luís XIV teve como principal auxiliar o ministro das Finanças, Colbert. Para aumentar a riqueza do Estado, Colbert aplicou práticas mercantilistas na França. Luís XIV desenvolveu as manufaturas, a navegação e intensificou a exploração das Antilhas, na América, com a cultura canavieira.

Seu sucessor, Luís XV, teve o governo prejudicado pelo agravamento da situação financeira. As despesas da corte eram muito elevadas, e uma tentativa de recuperação econômica com emissão de moeda para a criação de companhias de comércio fracassou. Além disso, a França foi derrotada na Guerra dos Sete Anos, contra a Inglaterra, e perdeu parte de suas colônias.

O governo de seu sucessor, Luís XVI, marcou o fim do absolutismo francês, com a Revolução Francesa de 1789.

6. O apogeu do absolutismo francês deu-se no governo de _____, que governou a França durante ____ anos, de ____ a ____. Esse rei herdou o trono quando tinha apenas ____ anos de idade, e, por isso, sua mãe, _____, foi a _____, mas o poder de fato era exercido pelo ministro, o cardeal _____.

7. O que foram as frondas?

8. Quem foi Colbert? O que ele realizou de importante na França?

9. Coloque **F** para falso e **V** para verdadeiro.

a) Luís XV enfrentou uma situação financeira crítica na França, porque as despesas da corte eram muito elevadas. ( )

b) No governo de Luís XV, foi amplamente vitoriosa a tentativa de recuperação econômica com emissão de moeda para a criação de companhias de comércio. ( )

c) No governo de Luís XV, a França foi vitoriosa na Guerra dos Sete Anos, contra a Inglaterra, e ganhou parte das colônias inglesas. ( )

d) O governo de Luís XVI marcou o fim do absolutismo francês, com a Revolução Francesa de 1789. ( )

O ESTADO ABSOLUTISTA INGLÊS

O apogeu do absolutismo na Inglaterra foi atingido com a dinastia Tudor. Contou com o apoio da burguesia, interessada em um governo forte, que incentivasse o comércio e a indústria.

Os principais representantes do absolutismo inglês foram: Henrique VII, Henrique VIII e Elizabeth I.

- **Henrique VII** – lutando contra a nobreza, foi o primeiro rei absolutista da Inglaterra.
- **Henrique VIII** – em seu governo, o Parlamento conservava-se aberto, porém manobrado à sua vontade. Anulou o poder da Igreja Católica na Inglaterra e, em 1534, fundou a Igreja Anglicana. Promoveu o desenvolvimento das manufaturas e do comércio marítimo.
- **Elizabeth I** – governou de 1558 a 1603. Coube a essa rainha a consolidação do anglicanismo, a adoção do mercantilismo e o início da colonização da América do Norte, com a fundação da colônia de Virgínia. Ela enfrentou

o rei Felipe II, da Espanha, em uma guerra em que os dois países disputaram o controle do comércio marítimo, e derrotou a Invencível Armada, nome dado à armada espanhola. A partir desse momento, a Inglaterra passou a ter a supremacia marítima.

10. Sobre o absolutismo na Inglaterra, é correto afirmar que:

a) Seu apogeu foi atingido com a dinastia Tudor. ( )

b) Contou com o apoio da burguesia, interessada em um governo forte, que incentivasse o comércio e a indústria. ( )

c) Os principais representantes foram Henrique VII, Henrique VIII e Elizabeth I. ( )

d) Todas as alternativas anteriores estão corretas. ( )

11. O que se destacou no governo de Henrique VIII?

12. O que se destacou no governo de Elizabeth I?

Com a morte de Elizabeth I, que não deixou descendentes, encerrou-se a dinastia Tudor. Assumiu o poder seu primo e rei da Escócia, Jaime I, da família Stuart. Pretendendo impor sua autoridade, obteve aberta oposição do Parlamento. Perseguiu violentamente os católicos e puritanos. Muitos destes foram para a América do Norte, onde fundaram uma colônia, Plymouth.

No reinado de seu filho, Carlos I (1625-1648), a pequena nobreza e a burguesia viram-se obrigadas a pagar altos impostos. Aqueles que não o fizessem eram presos.

Em 1628, o Parlamento impôs a Carlos I a **Petição dos Direitos**, pela qual o rei não poderia criar tributos, convocar o exército ou prender pessoas sem sua prévia autorização. No ano seguinte, o rei conseguiu a aprovação de alguns impostos, mas, em seguida, fechou o

Parlamento, só voltando a convocá-lo em 1640.

No ano seguinte, quando tentou mais uma vez fechar o Parlamento, iniciou-se uma guerra civil.

13. Como terminou a dinastia Tudor na Inglaterra? Quem passou a governar o país?

14. Quem foi o sucessor de Jaime I? O que marcou o governo desse sucessor?

A GUERRA CIVIL INGLESA (1641-1649)

Havia dois grupos antagônicos: os **cavaleiros**, partidários do rei Carlos I, e os **cabeças-redondas**, partidários do Parlamento.

Os cabeças-redondas, liderados pelo deputado puritano Oliver Cromwell, derrotaram os cavaleiros. O rei Carlos I foi preso e condenado à morte, sendo decapitado em 1649.

Com o apoio do Parlamento, Cromwell passou a governar a Inglaterra. No entanto, em 1653, dissolveu-o e impôs uma ditadura, com o título de Lorde Protetor da Inglaterra.

Cromwell procurou consolidar os interesses mercantis da burguesia, ao assinar, em 1650, os **Atos de Navegação**, determinando que os produtos importados pela Inglaterra só poderiam ser transportados em navios ingleses ou nos de países com os quais estivesse comercializando diretamente. Essa decisão prejudicou o comércio holandês. A Holanda reagiu, e foi deflagrada uma guerra (1652-1654). A Inglaterra saiu vitoriosa, tornando-se suprema no comércio marítimo e a maior potência naval do mundo.

O período do governo de Cromwell foi chamado de República de Cromwell.

O Lorde Protetor morreu em 1658 e foi substituído por seu filho Ricardo, cujo governo durou pouco tempo e foi marcado por agitações políticas e sociais.

Um novo Parlamento foi eleito, em 1660, decidindo restaurar o regime político monárquico, sob a dinastia dos Stuart, e entregou a Carlos II o governo da nação.

15. Na guerra civil que estourou na Inglaterra em 1641, dois grupos antagônicos se enfrentaram: os _____, partidários do rei _____, e os _____, chefiados por _____, partidários do _____.

16. Depois da morte de _____, Oliver Cromwell passou a governar a Inglaterra com o apoio do _____. Em 1653, dissolveu-o e implantou no país uma _____, usando o título de _____.

17. Coloque F para falso e V para verdadeiro.

a) Cromwell procurou consolidar os interesses mercantis da burguesia. ( )

b) Os Atos de Navegação determinavam que os produtos importados pela Inglaterra só poderiam ser transportados em navios ingleses ou nos de países com os quais estivesse comercializando diretamente. ( )

c) A Holanda declarou guerra à Inglaterra por ter-se prejudicado com os Atos de Navegação de Cromwell. ( )

d) Depois da guerra contra a Holanda, a Inglaterra perdeu sua supremacia no comércio marítimo. ( )

e) O período do governo de Cromwell foi chamado de República de Cromwell. ( )

A RESTAURAÇÃO DOS STUART E A REVOLUÇÃO GLORIOSA

Carlos II (1660-1685) tentou restabelecer o absolutismo na Inglaterra. No Parlamento, surgiram dois partidos: *Whig* (defensor do governo controlado pelo Parlamento) e *Tory* (absolutista). O rei organizou um exército para eliminar a oposição, fechou o Parlamento e impôs o absolutismo.

Com a morte do rei, ocupou o trono Jaime II (1685-1688). Seu filho, herdeiro do trono, era católico, o que não foi aceito pelo Parlamento. O rei foi destituído e o Parlamento ofereceu o trono ao governador das Províncias Unidas (Holanda), Guilherme de Orange, esposo de Maria II, filha de Jaime II.

O rei Jaime II refugiou-se na França, e Guilherme de Orange passou a reinar com o título de Guilherme III. Esse episódio, que terminou com o absolutismo e instaurou na Inglaterra a monarquia parlamentar (1688), é conhecido como **Revolução Gloriosa**.

Guilherme de Orange jurou a **Declaração de Direitos** (*Bill of Rights*), que limitava o poder do rei e ampliava o do Parlamento. A partir desse momento, cabia ao Parlamento, entre outras medidas, a aprovação de tributos, a manutenção de um exército permanente e a garantia do exercício da justiça pública.

Com o Parlamento fortalecido, a burguesia tornou-se ainda mais poderosa, controlando o comércio, a legislação comercial e administrativa e assumindo um compromisso com a aristocracia rural, que passou a cultivar as terras nos moldes capitalistas.

18. Quais os partidos políticos que surgiram no Parlamento inglês no início do governo de Carlos II?

19. O absolutismo inglês terminou com o episódio chamado Revolução Gloriosa (1688). Explique o que foi isso.

20. Como ficou a situação da burguesia depois da implantação da monarquia parlamentar inglesa?

AS PRÁTICAS ECONÔMICAS DO ABSOLUTISMO: O MERCANTILISMO

Ao conjunto de práticas econômicas adotadas pelos governos absolutistas denominou-se **mercantilismo**, cujo objetivo era tornar o Estado mais rico e poderoso. Essas práticas atingiram seu apogeu no século XVII, mas algumas de suas características são encontradas ainda no fim do século XVIII. Particularizava-se por:

- controle estatal da economia;
- acumulação de metais preciosos;
- maior exportação e menor importação, para manter uma balança comercial favorável;
- protecionismo: ou seja, adoção de uma política que consistia no lançamento de altas tarifas alfandegárias sobre os produtos importados, na tentativa de reduzir as importações, aumentar as exportações e incentivar a produção nacional;
- colonialismo: quanto maior o número de colônias um Estado possuísse, mais rico ele seria, pois estas abasteceriam a metrópole com os seus produtos e se constituiriam em mercados consumidores dos produtos metropolitanos.

21. O que foi o mercantilismo?

22. Por que, de acordo com o mercantilismo, os Estados absolutistas precisavam de colônias?

Revisão

1. Pode ser considerada a principal característica do absolutismo:

a) A concentração de todos os poderes nas mãos da nobreza. ( )

b) Grande poder da burguesia mercantil, por meio de seus representantes parlamentares. ( )

c) Governo de uma monarquia com poderes para decretar leis, determinar impostos e administrar a justiça. ( )

d) Poder real sempre limitado por uma Constituição. ( )

2. Na época do absolutismo, existia:

a) Um conjunto de práticas econômicas voltadas para o fortalecimento do comércio, possibilitando o enriquecimento da burguesia mercantil. ( )

b) Uma política econômica voltada para o enriquecimento da nobreza, que vivia ainda da exploração de terras. ( )

c) A preocupação de garantir a sobrevivência econômica do campesinato, com a criação de feiras para seus produtos. ( )

d) Uma preocupação de fortalecer as economias coloniais, incentivando o comércio delas com o resto do mundo. ( )

3. A Teoria do Direito Divino justificava o absolutismo real ao afirmar que:

a) Os monarcas eram a expressão mais perfeita da autoridade delegada por Deus na Terra. ( )

b) Para viver melhor, os homens fizeram um contrato, cedendo todos os seus direitos a um soberano forte. ( )

c) O soberano tinha direito de fazer o que bem entendesse, desde que seu objetivo fosse proteger a nação. ( )

d) Os soberanos eram autoridades máximas, que só deveriam se submeter ao poder do papa, representante de Deus na Terra. ( )

4. O ministro das Finanças de Luís XIV, que, para aumentar a riqueza do Estado, implementou práticas mercantilistas na França, foi:

a) Diderot. ( )

b) Molière. ( )

c) Descartes. ( )

d) Colbert. ( )

5. Morto o rei Carlos I, o governo da Inglaterra ficou nas mãos de:

a) Carlos II. ( )

b) Oliver Cromwell. ( )

c) Felipe II, da Espanha. ( )

d) Parlamentaristas contrários à monarquia. ( )

6. Coloque F para falso e V para verdadeiro.

a) O apogeu do absolutismo na Inglaterra foi atingido com a dinastia Tudor. ( )

b) O absolutismo inglês foi apoiado pela burguesia, interessada em um governo forte, que incentivasse o comércio e a indústria. ( )

c) Os principais representantes ingleses do absolutismo real foram Henrique VII, Henrique VIII e Elizabeth I. ( )

d) O absolutismo inglês diferenciou-se do francês porque havia limites impostos pelo Parlamento ao poder do rei. ( )

7. Na segunda metade do século XVII, a Inglaterra começava a se tornar uma potência marítima. Para isso, contribuíram as leis chamadas Atos de Navegação, as quais determinaram que

8. Na época do absolutismo real, o conjunto de práticas econômicas implementadas para favorecer o comércio e o enriquecimento da burguesia mercantil chamou-se:

a) Liberalismo econômico. ( )
b) Mercantilismo. ( )
c) Capitalismo comercial. ( )
d) Liberalismo estatal. ( )

Anotações

7. Os povos pré-colombianos

Quando, no fim do século XV, os europeus chegaram ao continente americano, já o encontraram povoado, segundo alguns pesquisadores, por mais de 40 milhões de pessoas.

Existem diversas teorias sobre a origem do homem americano, dentre as quais duas se destacam.

A mais aceita é a de que o homem primitivo, perseguindo animais selvagens para caçar, se deslocou da Sibéria, na Ásia, para o Alasca, na América, atravessando o estreito de Bering. Essa travessia foi possível graças a uma glaciação que teria unido os dois continentes. A partir daí, o povoamento atingiu a costa ocidental da América do Norte, em seguida, a América Central e, depois, a América do Sul, na região andina.

A outra teoria é a de que o homem chegou à América por mar, vindo da Malásia, ou das ilhas da Austrália, pelo oceano Pacífico, chegando ao extremo sul da América, na Patagônia.

No momento da ocupação europeia, os povos americanos apresentavam diferentes modos de vida, cultura e grau de desenvolvimento.

1. Coloque F para falso e V para verdadeiro.

a) Está comprovado que o homem americano se originou no próprio continente, não sendo descendente de nenhum outro povo fora das Américas. ( )

b) Existem muitas teorias a respeito da origem do homem americano. ( )

c) As teorias mais aceitas a respeito da origem do homem americano são as que afirmam que ele chegou à América ou pelo estreito de Bering, ou por mar, pelo oceano Pacífico. ( )

d) No momento da ocupação europeia, os povos americanos se encontravam todos no mesmo estágio de desenvolvimento cultural. ( )

Dentre os povos pré-colombianos, três desenvolveram importantes civilizações: os maias, os astecas e os incas.

Os **maias** ocupavam a península de Iucatã, na região que hoje corresponde ao sul do México, Guatemala e Belize. Quando os espanhóis chegaram à América, essa civilização já estava em decadência. Alguns historiadores chegaram a comparar os maias aos gregos, chamando-os de "os gregos do Novo Mundo", em virtude do grau de desenvolvimento que atingiram.

O povo méxica emigrou do território dos atuais Estados Unidos, de uma região denominada Aztlán, e, ao chegar a uma região de vales e pântanos, conhecida como vale do México, instalou-se nas ilhas do lago Texcoco. Os astecas, como passaram a ser conhecidos, fundaram a cidade de Tenochtitlán (1325), atual cidade do México.

Com a dominação dos habitantes locais, formou-se o **Império Asteca**, que, no fim do século XV, controlava uma vasta área, com mais de 500 cidades e aproximadamente 15 milhões de habitantes.

Chamados de **Os Filhos do Sol**, os **incas** têm origem obscura, cercada de lendas e mitos. A mais conhecida das lendas relata que chegaram à região do Peru por volta do ano de 1200. Estabeleceram-se em Cuzco, chefiados por Manco Cápac, o primeiro inca (imperador).

Os incas formaram seu império dominando as várias civilizações que habitavam a região dos Andes, na América do Sul. O Império Inca compreendia os atuais territórios do Peru, do Equador, de parte da Colômbia, do Chile, da Bolívia e da Argentina.

2. Quais povos pré-colombianos desenvolveram importantes civilizações?

3. Qual foi a região habitada pelos maias?

4. Por que os maias foram chamados de "gregos do Novo Mundo"?

5. De onde surgiram os astecas e onde se fixaram? Que importante cidade atual eles fundaram?

6. O que se sabe sobre a origem dos incas? Como eles eram chamados?

3. Dentre os povos pré-colombianos, destacaram-se por terem desenvolvido grandes civilizações:

   a) Apaches, iroqueses, sioux e cherokee. ( )

   b) Esquimós. ( )

   c) Tupi, jê, aruaque e caraíba. ( )

   d) Astecas, maias e incas. ( )

4. Quais povos pré-colombianos habitaram:

   a) A península de Iucatã, hoje parte do México, da Guatemala e de Belize?

   b) As ilhas do lago Texcoco, no atual México?

   c) Áreas que hoje fazem parte do Peru, do Equador, da Colômbia, do Chile, da Bolívia e da Argentina?

7. Quais regiões da América de hoje correspondem ao antigo Império Inca?

Revisão

1. Chamamos de "povos pré-colombianos" as populações que

2. Como se explica a origem do homem americano?

8. Conquista e colonização da América

O processo de conquista e colonização da América pelos europeus provocou significativa devastação ambiental e morte das populações nativas.

O objetivo dos conquistadores espanhóis, portugueses, ingleses e franceses era explorar as suas colônias e proporcionar o maior lucro possível para as metrópoles. Em razão disso, apropriaram-se das terras, escravizaram, mataram, destruíram. Duas grandes civilizações da América pré-colombiana, asteca e inca, foram dominadas pelos espanhóis. O fabuloso Império Asteca foi conquistado por Hernán Cortés. O responsável pela conquista do Peru foi Francisco Pizarro.

1. Quais eram os objetivos dos colonizadores europeus?

2. Quais foram as civilizações pré-colombianas dominadas pelos espanhóis?

3. O Império Asteca foi conquistado por _____. O responsável pela conquista do Peru foi _____.

No início do século XVI, Portugal e Espanha e, um pouco mais tarde, a Inglaterra, a França e a Holanda promoveram a colonização das terras que haviam conquistado na América.

A colonização criada estava ligada à expansão marítima e comercial da Europa, ao fortalecimento das monarquias absolutistas e às práticas econômicas do mercantilismo.

O monopólio do comércio colonial garantia à metrópole a aquisição de todos os produtos coloniais a um preço mínimo, porém suficiente para estimular a produção. As colônias eram também um centro consumidor dos produtos metropolitanos.

Tanto a Espanha como Portugal foram levados a colonizar suas possessões americanas por causa das pressões políticas de alguns países europeus, particularmente França e Inglaterra. Esses países só respeitavam as terras efetivamente ocupadas, e não aquelas garantidas pelo Tratado de Tordesilhas.

COLONIZAÇÃO EUROPEIA NAS AMÉRICAS

Fonte: PARKER, Geoffrey. *Atlas Verbo de história universal*. Lisboa/São Paulo: Verbo. 1997. p. 81.

4. Quais os países que deram início à colonização da América no século XVI?

5. A colonização da América no século XVI estava ligada a quais acontecimentos europeus?

6. Para as metrópoles europeias, qual era a vantagem do monopólio comercial das colônias?

A COLONIZAÇÃO DA AMÉRICA ESPANHOLA

Ao iniciar a colonização, o governo espanhol montou uma estrutura de governo para administrar suas possessões. Foram criados:

- a **Casa de Contratação**, em 1503, para supervisionar as relações marítimas e comerciais entre a América e a metrópole. Exercia, no setor comercial, a função de Corte de Justiça;
- o **Real Supremo Conselho das Índias**, em 1511, responsável pela administração geral da colônia, como a preparação das leis e dos decretos.

A extensão territorial da colônia espanhola na América levou a uma divisão administrativa. Foram criados quatro vice-reinos e quatro capitanias-gerais.

Os quatro vice-reinos eram: Nova Espanha, Nova Granada, Peru e Prata; as quatro capitanias-gerais eram: Guatemala, Cuba, Venezuela e Chile.

Os vice-reinos e as capitanias-gerais eram governados, respectivamente, por vice-reis e capitães-gerais, nomeados pelo Conselho das Índias.

A Igreja Católica teve papel significativo na colonização espanhola da América. Os padres jesuítas eram responsáveis pela conversão dos indígenas ao cristianismo. Exerciam sobre eles uma vigilância muito grande, obrigando-os a viver em aldeias (missões) e forçando-os a trabalhar a terra. A Igreja auxiliava o rei a manter sua autoridade sobre a população espanhola por meio dos Tribunais de Inquisição, instalados no México e no Peru.

7. Ao iniciar a colonização, o governo espanhol montou uma estrutura de governo para administrar suas possessões. Quais foram os órgãos criados e quais as suas funções?

8. A América Espanhola foi dividida administrativamente em quatro vice-reinos e quatro capitanias-gerais. Os vice-reinos eram: _____, _____, _____ e _____. As capitanias-gerais eram: _____, _____, _____ e _____.

9. Qual foi o papel da Igreja Católica na colonização da América Espanhola?

A ECONOMIA E A SOCIEDADE NA AMÉRICA ESPANHOLA

A **economia** da América espanhola caracterizou-se pela exploração de metais preciosos – ouro e prata –, principalmente no México, onde os astecas já desenvolviam essa atividade. A exploração de prata foi maior do que a de ouro e teve como mais importantes centros o vice-reino do México e as minas de Potosí, situadas no território da atual Bolívia. O regime empregado era o do monopólio real, aplicado por meio de impostos, como o quinto.

O ouro e a prata eram levados à Europa por galeões pertencentes à Coroa. Além dos metais preciosos, a América espanhola também enviava para a Europa produtos agrícolas, como o milho, o açúcar e o tabaco, cultivados em algumas regiões. A metrópole controlava o comércio colonial.

Com o declínio da mineração, no século XVIII, a agricultura e a pecuária passaram a ser atividades econômicas significativas. A mão de obra do escravo negro foi utilizada sobretudo na atividade agrícola.

Na **sociedade** colonial espanhola, a divisão social apresentava rígidas camadas, e a mobilidade era praticamente inexistente. Eram elas:

- *chapetones* – brancos nascidos na Espanha e que ocupavam altos cargos civis e eclesiásticos;
- *criollos* – filhos dos espanhóis nascidos na América. Eram grandes proprietários de terras e minas, comerciantes, grandes pecuaristas e profissionais liberais;

- mestiços – resultantes da miscigenação entre brancos e negros, e brancos e índios. Eram mascates, servidores domésticos e trabalhadores assalariados;
- índios e negros escravos – a camada inferior, considerada apenas como força de trabalho.

10. Sobre a economia da América espanhola, **NÃO** é correto afirmar o seguinte:

a) Caracterizou-se pela exploração de metais preciosos, principalmente no México, onde os astecas já desenvolviam essa atividade. ( )

b) A exploração de prata foi maior do que a de ouro e teve como mais importantes centros o vice-reino do México e as minas de Potosí, atual Bolívia. ( )

c) O regime empregado era o do monopólio real, aplicado por meio de impostos, como o quinto. ( )

d) A mão de obra sempre foi a do escravo africano, trazido em navios mercantes ingleses. ( )

11. Associe corretamente.

a) *Chapetones*
b) *Criollos*
c) Mestiços
d) Índios e negros escravos

( ) Ocupavam altos cargos civis e eclesiásticos.

( ) Grandes proprietários de terras e minas, comerciantes, grandes pecuaristas e profissionais liberais.

( ) Resultantes da miscigenação entre brancos e negros, e brancos e índios.

( ) A camada inferior, considerada apenas como força de trabalho.

( ) Filhos dos espanhóis nascidos na América.

( ) Mascates, servidores domésticos e trabalhadores assalariados.

( ) Brancos nascidos na Espanha.

A COLONIZAÇÃO DA AMÉRICA PORTUGUESA

Após um período de 30 anos, durante o qual o Brasil ficou praticamente abandonado, Portugal iniciou a colonização.

A primeira atividade econômica desenvolvida no Brasil foi a exploração de pau-brasil, madeira da qual se extraía uma tinta de cor vermelha usada no tingimento de tecidos. A partir de 1532, houve o desenvolvimento da economia açucareira. As lavouras de cana, iniciadas na capitania de São Vicente, conseguiram condições favoráveis para o seu desenvolvimento na Região Nordeste.

A economia açucareira sustentou a colônia nos séculos XVI e XVII. Essa economia desenvolveu-se com o trabalho dos escravos negros, trazidos por traficantes portugueses, com o apoio de Portugal, que conseguia bom lucro com o tráfico.

No século XVIII, a economia brasileira baseou-se na exploração de minérios nas regiões de Minas Gerais, Mato Grosso e Goiás. Mais uma vez, a mão de obra usada foi a do escravo negro. A mineração levou ao desenvolvimento do comércio interno, e a capital foi mudada para o Rio de Janeiro.

Paralelamente a esses dois produtos, desenvolveram-se uma economia de subsistência, com a plantação para consumo local, e a criação de gado.

12. A primeira atividade econômica desenvolvida no Brasil foi a exploração de _____. A partir de 1532, houve o desenvolvimento da economia _____, inicialmente na capitania de _____ e depois no _____. No século XVIII, a economia brasileira baseou-se na exploração de _____ nas regiões de _____, _____ e _____.

BRASIL, COLÔNIA DE PORTUGAL

Quando os portugueses tomaram posse das terras americanas, Portugal passou à condição de metrópole e o Brasil, à de colônia. A metrópole estabelecia o monopólio comercial, isto é, determinava os itens a serem produzidos pela colônia, e garantia para si a aquisição de todos os produtos coloniais pagando por eles um preço mínimo, e ainda detinha a exclusividade na comercialização dos produtos manufaturados europeus.

Estas medidas, adotadas por Portugal e Espanha, faziam parte de um conjunto de ações destinadas a fortalecer o poder do Estado e a torná--lo cada vez mais rico, denominado pelos historiadores do século XIX de **mercantilismo**.

13. Quais medidas adotadas por Portugal e Espanha visava torná-los países mais ricos?

a) Detinha a exclusividade na venda dos produtos manufaturados europeus para a colônia. ( )

b) Determinava os itens a serem produzidos pela colônia. ( )

c) Garantia para si a aquisição de todos os produtos coloniais pagando por eles um alto preço. ( )

d) Todas as alternativas anteriores. ( )

14. Quando os _____ tomaram posse das terras americanas, Portugal passou à condição de _____ e o Brasil, à de _____.

ECONOMIA E SOCIEDADE CANAVIEIRA

O plantio da cana-de-açúcar no Brasil foi facilitado pelas condições climáticas e o conhecimento de plantio e beneficiamento que os portugueses adquiriram nas colônias da Ilha da Madeira e Cabo Verde.

Devido a alta rentabilidade obtida com a confecção do açúcar, e a resistência dos indígenas ao trabalho imposto pelos colonizadores, o trabalho de africanos escravizados passou a ser amplamente utilizado, e também mais uma fonte de lucro para a Coroa.

Assim, a economia açucareira do Brasil caracterizou-se pela monocultura, a grande propriedade e o trabalho escravo. O cultivo de outros itens agrícolas como mandioca, milho, feijão, hortaliças e frutas eram restrito a atender a necessidade de subsistência. A criação de gado atendia as necessidades de alimentação e foi auxiliar da economia canavieira sendo utilizado para mover as moendas e como meio de transporte.

A pecuária, por ser uma atividade menos lucrativa, não ocupava as terras férteis próximas ao litoral. O gado era criado solto, em pastagens naturais, isso fazia com que os rebanhos se deslocassem constantemente e a ocupação cada vez maior das terras. Entretanto, a atividade prosperou e vilas foram criadas em função da comercialização de gado.

Contudo, a sociedade centrada na produção e beneficiamento da cana-de-açúcar era escravista e rural, os demais produtos agrícolas eram produzidos com o restrito intuito de atender as necessidades de subsistência.

15. Como podemos caracterizar economia canavieira no Brasil?

16. Identifique as causas que impulsionaram a utilização do trabalho do africano escravizado na economia canavieira.

a) Devido a alta rentabilidade obtida com a confecção do açúcar. ( )

b) A resistência dos indígenas ao trabalho imposto pelos colonizadores. ( )

c) O comércio de africanos escravizados tornou-se uma fonte de lucro para a Coroa. ( )

d) Todas as alternativas anteriores. ( )

17. Por quais motivos a pecuária contribuiu para a ocupação de terras?

18. A sociedade centrada na _____ e beneficiamento da cana-de-açúcar era _____ e rural, os demais produtos _____ eram produzidos com o restrito intuito de _____ as necessidades de _____.

ECONOMIA E SOCIEDADE MINERADORA

Em torno das jazidas os povoados começaram a surgir. Inicialmente, os exploradores reuniam-se em acampamentos, próximos às áreas das jazidas, algumas rapidamente deixaram de existir com o início da escassez, outros prosperaram, e se tornaram cidades. Uma das formas de os mineradores ricos demonstrarem sua posição social era pela construção de igrejas, por isso, nunca deixavam de construir uma capelinha ou uma suntuosa catedral.

A exploração do ouro provocou uma corrida emigratória, tanto que, o governo português chegou a proibir temendo a escassez de mão de obra.

A vertiginosa rapidez de criação e crescimento das cidades influenciou sua organização, nas ruas estreitas e tortuosas da cidade em que ficavam as residências das pessoas livres e pobres, os pequenos estabelecimentos comerciais, as hospedarias, os armazéns, os depósitos e as oficinas dos artesãos.

O crescimento da população na área mineradora provocou aumento do consumo. Para abastecer a toda a região mineira, era necessário grande quantidade de produtos. Assim, nas proximidades das minas, surgiram pequenas lavouras e também criações de porcos e galinhas. Contudo, a produção não era suficiente e, por isso, os mineradores passaram a comprar víveres em outras regiões, o que incentivou a atividade comercial.

ÁREAS DE MINERAÇÃO (SÉCULO XVIII)

Fonte: ARRUDA, José Jobson de A. *Atlas histórico básico*. São Paulo: Ática, 2005, p. 41.

19. Qual a primeira consequência da exploração do ouro?

20. Assinale os efeitos provocados pela descoberta de minas de ouro.

a) Vertiginosa rapidez de criação e crescimento das cidades influenciou sua organização, nas ruas estreitas e tortuosas da cidade. ( )

b) O crescimento da população na área mineradora provocou aumento do consumo. ( )

c) Incentivo à atividade comercial em decorrência de adquirir víveres de outras regiões. ( )

d) Nenhuma das alternativas anteriores. ( )

> Conforme crescia o povoamento na região das minas, estruturava-se uma sociedade patriarcal e urbana. A camada alta era formada pelos donos das minas, que possuíam grande número de escravos. A intermediária

era composta por comerciantes, ourives, entalhadores, artistas, para estes havia oportunidade de mobilidade social, isto é, alguma possibilidade de ascender socialmente com a riqueza obtida ou na mineração ou no comércio. E, a camada inferior formada pelos escravos de origem africana.

Na mineração, os escravos enfrentavam péssimas condições de trabalho, para extrair o ouro, abriam galerias, ficavam em lugares pouco ventilados, na água ou atolados no barro, e permanentemente corriam risco de sofrerem acidentes. A fiscalização dos feitores durante o trabalho era intensa, passavam por revistas após a jornada diária e dormiam acorrentados, para evitar roubo de pedras e do ouro extraído.

A Coroa portuguesa cobrava 20% de todo o ouro explorado; era o imposto do **quinto**. Para fiscalizar a cobrança e evitar fraudes, a Coroa proibiu a circulação de ouro em pó ou em pepitas e, em 1719, ordenou que fossem instaladas as Casas de Fundição, os mineradores levariam o ouro, que seria fundido em barras e já retirada a parte da Coroa. O descumprimento implicaria em prisão ou confisco dos bens.

Em 1729, foram descobertos diamantes no Arraial do Tijuco (atual Diamantina, em Minas Gerais). A região foi demarcada e isolada, primeiramente a exploração dos diamantes foi concedida a homens de posse, que eram obrigados a pagar uma quantia anual fixa ao reino, mais tarde, a exploração dos diamantes ficou sob o controle direto da metrópole.

Em meados do século XVIII, a mineração atingiu seu apogeu. O imposto do quinto foi fixado em cem arrobas de ouro por ano, o que equivalia a 1500 quilos. Enquanto a mineração manteve uma alta produção, os impostos eram pagos regularmente.

Contudo, no final do século, a mineração começou a declinar, pelas dificuldades que os mineiros tinham para explorar o ouro em maior profundidade. Como a quantidade de ouro explorada era menor, os mineradores não conseguiam pagar as cotas estabelecidas. O governo português cobrou os impostos atrasados, essa medida ficou conhecida como derrama. Essa medida provocou um profundo descontentamento, gerando várias revoltas, dentre as quais se destaca a Inconfidência Mineira.

Os impostos recolhidos pelo governo português, não foram totalmente destinados à Coroa, também foi utilizado para pagar importações de manufaturas da Inglaterra, devido a acordos comerciais estabelecidos. A acumulação de reservas de metais preciosos muito contribuiu para transformá-la em grande potência.

21. Escreva as principais características da sociedade mineira.

22. Na mineração, os _____ enfrentavam péssimas condições de trabalho, para extrair o _____, abriam galerias, ficavam em lugares pouco ventilados, na _____ ou atolados no _____, e permanentemente corriam risco de sofrerem _____.

23. O que era o quinto e como era realizada sua cobrança?

24. Em meados do século _____, a mineração atingiu seu apogeu. O imposto do _____ foi fixado em cem arrobas de ouro por ano, o que equivalia a _____ quilos. Enquanto a mineração manteve uma _____ produção, os impostos eram pagos _____.

25. Quais motivos e consequências do declínio da mineração no fim do século XVIII?

26. Assinale as alternativas corretas quanto a arrecadação de impostos da metrópole:

a) Os impostos foram totalmente utilizados pela Coroa. ( )

b) Também foi utilizado para pagar importações de manufaturas da Inglaterra, devido a acordos comerciais estabelecidos. ( )

c) A derrama provocou um profundo descontentamento, gerando várias revoltas, dentre as quais se destaca a Inconfidência Mineira. ( )

d) O ouro era levado pelos mineradores até a Casa de Fundição, após ser fundido em barras a Coroa já retirava sua parte. ( )

A COLONIZAÇÃO DA AMÉRICA INGLESA

No século XVII, as guerras político-religiosas na Inglaterra provocaram o êxodo de parte da população, que, em busca de abrigo e paz, dirigiu-se para a América com o objetivo de se estabelecer, provocando um povoamento efetivo.

As possessões inglesas na América do Norte estavam distribuídas em 13 colônias.

Desde o Período Colonial, os territórios que dariam origem aos Estados Unidos tiveram uma diversificação na forma econômica de ocupação. O Norte e a parte da região central, pobres em terrenos agrícolas e com uma estreita planície costeira, que dificultava a exploração e impedia a aquisição de vastas extensões de terras, dedicaram-se mais ao comércio e à manufatura do que à agricultura. Multiplicaram-se as pequenas e médias explorações agrícolas, o comércio, o artesanato, as empresas de pesca e a construção naval. Desenvolveu-se a vida urbana e formou-se uma aristocracia comercial.

Já as colônias do Sul apresentavam terras férteis e clima ameno, condições favoráveis ao desenvolvimento de uma intensa atividade agrícola. Proliferaram as grandes fazendas, principalmente de algodão. Formou-se uma poderosa aristocracia agrária, e o trabalho sustentava-se na mão de obra escrava negra. A empresa agrocomercial do Sul proporcionava altos lucros para a metrópole.

27. Como se caracterizaram a economia e a sociedade das colônias inglesas do Norte?

28. Como se caracterizaram a economia e a sociedade das colônias inglesas do Sul?

A COLONIZAÇÃO FRANCESA NA AMÉRICA

No século XVII, quando era ministro da França o cardeal Richelieu, Samuel Champlain fundou a Companhia da Nova França e liderou uma expedição colonizadora. Dessa expedição resultou a fundação da cidade de Quebec. No fim desse século, Robert Cavélier de la Salle, ainda procurando uma passagem para o Pacífico, adentrou o rio Mississípi, percorrendo-o até o golfo do México. Tomou posse da região, denominando-a de Louisiana.

Ainda no século XVII, os franceses estabeleceram-se na América Central. Conquistaram as ilhas de São Domingos, Martinica, Guadalupe e Dominica, nas quais introduziram a pecuária e, posteriormente, a plantação de cana-de-açúcar.

Na América do Sul, além das tentativas de fundação, no Brasil, da França Antártica (1555-1567) e da França Equinocial (1610-1614), os franceses dominaram a Guiana e fundaram a cidade de Caiena.

Se o século XVII representou o auge das conquistas francesas, o século XVIII significou a decadência do império colonial francês na América. Com a derrota na Guerra dos Sete Anos, com a Inglaterra, a França perdeu o Canadá e renunciou à posse dos territórios situados às margens do Mississípi.

29. Na América do Sul, além das tentativas de fundação, no Brasil, da _____ (1555-1567) e da _____ (1610-1614), os franceses dominaram a _____ e fundaram a cidade de _____.

30. Por que a França perdeu o Canadá e os territórios situados às margens do rio Mississípi?

Revisão

1. Coloque F para falso e V para verdadeiro.

a) Eram objetivos dos colonizadores europeus explorar suas colônias e proporcionar o maior lucro possível para as metrópoles. ( )

b) Os colonizadores respeitaram as civilizações pré-colombianas, não invadindo suas terras nem destruindo sua cultura. ( )

c) O Império Asteca foi conquistado por Hernán Cortés, enquanto o responsável pela conquista do Peru foi Francisco Pizarro. ( )

d) A colonização da América estava ligada à expansão marítima e comercial da Europa, ao fortalecimento das monarquias absolutistas e à política econômica do mercantilismo. ( )

e) O monopólio do comércio colonial garantia à metrópole a aquisição de todos os produtos coloniais a um preço mínimo, porém suficiente para estimular a produção. As colônias eram também um centro consumidor dos produtos metropolitanos. ( )

2. Espanha e Portugal tiveram de dar início à colonização de suas possessões porque:

a) França e Inglaterra só respeitavam as terras efetivamente ocupadas. ( )

b) Era uma exigência do Tratado de Tordesilhas. ( )

c) Estavam em guerra e precisavam defender seus territórios na América. ( )

d) Precisavam de colônias que abrigassem os perseguidos religiosos. ( )

3. A economia da América espanhola caracterizou-se pela exploração de _____. A exploração de _____ foi maior do que a de _____ e teve como mais importantes centros o vice-reino do _____ e as minas de _____, atual _____. O regime empregado era o do _____, aplicado por meio de impostos, como o _____.

4. Quais foram as atividades econômicas mais importantes desenvolvidas no Brasil durante o Período Colonial?

5. Sobre a condição do Brasil em relação a Portugal, a partir de 1500, é correto afirmar:

a) O Brasil passou a ser colônia de Portugal que, na condição de Metrópole, exerceu o monopólio comercial determinando tudo que a colônia deveria produzir. ( )

b) O Brasil passou a ser metrópole de Portugal que, na condição de colônia, permitiu a liberdade de comércio metropolitano. ( )

c) O Brasil passou a ser colônia de Portugal, mas, manteve sua independência econômica. ( )

d) O Brasil passou a ser colônia de Portugal e a garantir para si a aquisição de todos os produtos da metrópole portuguesa pagando um preço mínimo. ( )

6. Explique por que o plantio de cana-de-açúcar foi facilitado no Brasil.

7. Por que a pecuária não foi durante o período colonial, uma atividade lucrativa?

8. Explique o que aconteceu com a sociedade brasileira durante a fase da economia mineradora.

9. Cite uma diferença geográfica e econômica entre o Norte e o Sul das colônias inglesas na América do Norte.

9. O Iluminismo

O movimento cultural europeu do século XVIII, que apresentou novas ideias políticas, sociais e econômicas, é conhecido como **Iluminismo**. Por isso, esse século ficou conhecido como o Século das Luzes ou da Ilustração.

Os pensadores iluministas defendiam a razão como fonte do conhecimento humano. Buscavam explicações racionais para o Universo e para a sociedade. Desenvolveram teorias políticas e sociais que se opunham à sociedade da época. Combatiam os governos absolutistas e os privilégios sociais, que oprimiam a burguesia e as camadas populares. Defendiam o respeito aos direitos do homem.

As ideias iluministas representavam os anseios da burguesia, que encontrou nelas as justificativas para criticar a velha ordem, a sociedade tradicional e os seus privilégios. Os burgueses passaram a clamar pela liberdade econômica, sem a interferência do Estado, como condição necessária para a realização do comércio.

Apoiada nesses novos ideais, a burguesia promoveu em vários países revoluções liberais contra o absolutismo real e a velha ordem política, nos fins do século XVIII. Destacaram-se a Revolução Francesa de 1789 e as lutas de libertação das colônias da América.

Entre 1751 e 1772, o pensamento dos iluministas foi documentado na *Enciclopédia*, obra suprema do

10. Quais as áreas conquistadas por franceses na América Central?

Anotações

Iluminismo, em 34 volumes, organizada por Diderot e D'Alembert, que contaram com a colaboração de **Montesquieu**, **Voltaire**, **Rousseau**, **Quesnay**, entre outros.

1. Dê uma definição de Iluminismo.

2. O que pregavam os pensadores iluministas?

3. O Iluminismo atendia aos interesses de qual classe social? Por quê?

4. O que foram as chamadas revoluções liberais?

5. Por causa do Iluminismo, o século XVIII é chamado de _____.

6. O que foi a *Enciclopédia*?

A FILOSOFIA ILUMINISTA

A filosofia iluminista teve sua origem na Inglaterra, com **John Locke**, em suas obras: *Ensaio sobre o entendimento humano* (1687) e *Tratado sobre o governo civil* (1690). Defendia que os homens nascem livres e iguais e têm direito à vida e à propriedade. Afirmava que os governos se originaram de um contrato estabelecido entre os homens, e seu fim maior era assegurar os direitos naturais. O não cumprimento desse dever era motivo de rebelião contra o governo. Dessa forma, Locke combatia o absolutismo monárquico.

Foi na França que a filosofia iluminista ganhou mais força, por causa da presença de um poderoso regime absolutista.

Voltaire, cujo nome verdadeiro era François Marie Arouet, em sua obra *Cartas inglesas*, valorizou o regime político da Inglaterra, em que defendia um governo monárquico que garantisse os direitos individuais. Esse filósofo atacou o absolutismo, os privilégios da nobreza e a Igreja, acusando-a de retrógrada e responsável pela ignorância do povo. Propunha regimes políticos diferentes, de acordo com o grau de desenvolvimento dos países: despotismo esclarecido para os mais atrasados e um governo liberal, apoiado na burguesia, para os mais adiantados.

Outro pensador de relevância foi o barão de **Montesquieu**. Em sua obra *Cartas persas*, criticou os costumes da sociedade e a política francesa. Em *O espírito das leis*, de 1748, defendeu a divisão do poder em Legislativo, Executivo e Judiciário, os quais, no conjunto, se harmonizariam e equilibrariam o poder.

O filósofo iluminista suíço **Jean-Jacques Rousseau** foi o único a defender um governo democrático. Suas principais obras são: *Origem da desigualdade* e *Do contrato social*. Afirmava que o homem é bom por natureza, mas a sociedade o corrompe. Criticou a propriedade privada, responsabilizando-a pelas lutas sociais. Segundo Rousseau, o Estado deveria expressar a vontade geral, pois a soberania política é do povo. Suas ideias foram aceitas pelas camadas populares e pela pequena burguesia.

7. Associe corretamente as duas colunas.

a) John Locke
b) Voltaire
c) Montesquieu
d) Jean-Jacques Rousseau

( ) Seu nome verdadeiro era François Marie Arouet.

( ) Escreveu *Cartas persas*.

( ) Escreveu *Do contrato social*.

( ) Escreveu *O espírito das leis*.

( ) Escreveu *Cartas inglesas*.

( ) Foi o único a defender um governo democrático.

( ) Escreveu *Ensaio sobre o entendimento humano*.

( ) Escreveu *Tratado sobre o governo civil*.

( ) Escreveu *Origem da desigualdade*.

( ) Iniciou o movimento iluminista.

O FISIOCRATISMO E O LIBERALISMO ECONÔMICO

Duas doutrinas econômicas nasceram no Iluminismo: a fisiocracia e o liberalismo econômico.

Os economistas fisiocratas defendiam a liberdade econômica (*laissez faire* = deixai fazer) e, por consequência, combatiam a prática mercantilista. Negavam a intervenção do Estado na economia, o dirigismo estatal. Para eles, o Estado deveria garantir a propriedade e a vida dos cidadãos. Propunham a valorização do extrativismo e da agricultura, considerados as únicas atividades criadoras de riquezas. Os pensadores fisiocratas foram Quesnay, Gournay e Turgot.

Adam Smith, pensador inglês, fundou o liberalismo econômico. Em sua obra *A riqueza das nações*, publicada em 1776, defendeu a liberdade do indivíduo na busca de seus interesses, relacionando a riqueza de um país com a capacidade de trabalho de seus habitantes. Combatia a intervenção do Estado na economia, defendendo a liberdade econômica. Afirmava que cabia ao Estado organizar os setores nos quais os particulares não podiam atuar.

A teoria do liberalismo econômico atendia às necessidades de lucro e investimento da burguesia, pois justificava a livre competição e os lucros ilimitados nos negócios. O próprio trabalho já era visto como uma atividade a ser vendida no mercado de trabalho.

8. Quais foram as doutrinas econômicas que nasceram do Iluminismo?

9. O que defendiam os fisiocratas?

10. Quem fundou o liberalismo econômico? Que obra ele escreveu?

12. Como governaram os déspotas esclarecidos?

O DESPOTISMO ESCLARECIDO

A política de alguns monarcas absolutos que procuraram governar aplicando os princípios da filosofia iluminista é chamada de despotismo esclarecido ou iluminado.

Os déspotas esclarecidos foram governantes que fizeram algumas reformas de caráter social, sem, contudo, prejudicar seu poder pessoal. Estavam mais preocupados em conter as manifestações do povo do que em satisfazer suas necessidades.

Os déspotas esclarecidos foram: Frederico II, rei da Prússia; José II, rei da Áustria; Catarina II, imperatriz da Rússia; Sebastião José de Carvalho e Melo, marquês de Pombal – ministro do rei de Portugal, dom José I.

11. O que se entende por despotismo esclarecido?

Revisão

1. Associe corretamente.

a) John Locke

b) Voltaire

c) Montesquieu

d) Jean-Jacques Rousseau

( ) Criticou os costumes da sociedade e a política francesa. Defendeu a divisão do poder em Legislativo, Executivo e Judiciário, os quais, no conjunto, se harmonizariam e equilibrariam o poder.

( ) Defendia que os homens nascem livres e iguais e têm direito à vida e à propriedade. Afirmava que os governos se originaram de um contrato estabelecido entre os homens, e seu fim maior era assegurar os direitos naturais. O não cumprimento desse dever era motivo de rebelião contra o governo.

( ) Afirmava que o homem é bom por natureza, mas a sociedade o corrompe. Criticou a propriedade privada, responsabilizando-a pelas lutas sociais. Segundo esse filósofo, o Estado deveria expressar a vontade geral, pois a soberania política é do povo.

( ) Atacou o absolutismo, os privilégios da nobreza e a Igreja, acusando-a de retrógrada e responsável pela ignorância do povo. Propunha regimes políticos diferentes, de acordo com o grau de desenvolvimento dos países: despotismo esclarecido para os mais atrasados, e um governo liberal, apoiado na burguesia, para os

2. NÃO foi uma característica do Iluminismo:

a) Buscava explicações racionais para o Universo e para a sociedade. ( )

b) Combatia os governos absolutistas e os privilégios sociais, que oprimiam a burguesia e as camadas populares. ( )

c) Defendia a fé como única fonte do conhecimento humano. ( )

d) Defendia o respeito aos direitos do homem. ( )

3. O Iluminismo atendia aos interesses da _____, que desejava _____ para a realização do comércio.

4. Com base nas ideias iluministas, a burguesia se rebelou contra o _____. Foram as rebeliões liberais, ocorridas no fim do século XVIII, dentre as quais se destaca, na França, a _____.

5. Coloque F para falso e V para verdadeiro.

a) Com base nas ideias iluministas, surgiram no século XVIII as doutrinas econômicas fisiocracia e liberalismo econômico. ( )

b) A chamada teoria do *laissez faire* combatia a prática mercantilista e a intervenção do Estado na economia. ( )

c) Os fisiocratas propunham a valorização do extrativismo e da agricultura, considerados as únicas atividades criadoras de riquezas. ( )

d) O liberalismo econômico foi criado pelo pensador inglês Adam Smith, que escreveu a obra *A riqueza das nações*. ( )

e) O liberalismo econômico atendia às necessidades dos monarcas absolutistas porque pregava rígido controle estatal sobre os negócios da nação. ( )

6. Sobre o despotismo esclarecido, é correto afirmar:

a) Foi a prática política de alguns soberanos europeus que tentaram conciliar o poder absoluto com o Iluminismo. ( )

b) Os déspotas estavam preocupados em satisfazer integralmente a burguesia e as classes populares. ( )

c) O despotismo esclarecido evitou todos os movimentos revolucionários europeus e americanos no século XVIII. ( )

d) Por combaterem violentamente o Iluminismo, os déspotas esclarecidos nunca permitiram reformas políticas em seus Estados. ( )

7. Os principais déspotas esclarecidos foram:

a) Na Prússia:

b) Na Áustria:

c) Na Rússia:

d) Em Portugal:

_____, ministro do rei _____.

10. A Revolução Industrial

Em meados do século XVIII, teve início na Inglaterra a **Revolução Industrial**, que consistiu num conjunto de mudanças tecnológicas profundas na economia, prolongando-se pelo século XIX. A máquina foi suplantando o trabalho humano, e uma nova relação entre trabalho e capital se impôs.

O grande desenvolvimento da indústria provocou profundas transformações na vida do homem, nas relações entre as nações e na estrutura das sociedades. Muitas cidades surgiram com a indústria. Nelas, as fábricas concentravam centenas de trabalhadores, que vendiam a sua força de trabalho em troca de um salário.

Os operários viviam em condições miseráveis. Homens, mulheres e até crianças iniciavam a jornada diária muito cedo e trabalhavam de 14 a 16 horas por dia. Dentro das fábricas, havia muita umidade e poeira, e o barulho era ensurdecedor. Mulheres e crianças trabalhavam o mesmo número de horas e recebiam um salário bem mais baixo do que o dos homens.

As condições subumanas em que vivia o trabalhador levavam-no a contrair muitas doenças: tuberculose, varizes, úlceras, problemas de coluna etc.

Em razão principalmente do cansaço excessivo, ocorriam muitos acidentes de trabalho, que provocavam mutilações ou morte.

Os trabalhadores que sofriam acidentes eram sumariamente demitidos, e não havia nenhuma lei que os protegesse.

As condições de trabalho e os abusos que sofriam levaram os trabalhadores a lutar pela conquista de seus direitos.

Pintura do século XIX retrata a cidade de Sheffield, na Inglaterra, com suas fábricas no início da Revolução Industrial.

1. O que foi a Revolução Industrial?

2. O grande desenvolvimento da indústria provocou profundas _____ na vida do homem, nas relações entre as _____ e na estrutura das _____. Muitas _____ surgiram com a indústria. Nelas, as fábricas concentravam centenas de trabalhadores, que vendiam a sua _____ em troca de um _____.

3. Como passaram a viver os operários a partir da Revolução Industrial?

4. Como os trabalhadores reagiram às péssimas condições de trabalho no começo da Revolução Industrial?

A INGLATERRA E A PRIMEIRA REVOLUÇÃO INDUSTRIAL

O primeiro país a ter condições favoráveis de investir na utilização da máquina foi a Inglaterra. Por isso, liderou a primeira Revolução Industrial. Entre essas condições, podemos citar:

- **acúmulo de capitais** provenientes da expansão marítimo-comercial e das práticas mercantilistas adotadas pela Inglaterra;
- **supremacia marítima**;
- **reservas minerais** – havia abundância de jazidas de carvão e de ferro no solo inglês;
- **produção capitalista da terra** – o acúmulo de capitais viabilizou os investimentos na área rural;
- **ampliação dos empréstimos a juros** – com a criação do Banco da Inglaterra, em 1694;
- **crescimento populacional** e **grande êxodo rural**, o que possibilitou uma grande oferta de trabalhadores;
- **Revolução Gloriosa** – que transformou o Parlamento britânico num efetivo órgão dirigente do Estado.

Todos esses elementos foram decisivos para a industrialização inglesa. O início do desenvolvimento da tecnologia de maquinário revolucionou o modo de produção. O grande consumo de tecidos de lã e de algodão estimulou a criação da máquina de fiar de Arkwright, do tear mecânico de Cartwright, do descaroçador de algodão de Eli Whitney, e deu origem às primeiras fábricas inglesas de fiação e tecelagem. Outras invenções fizeram parte da Revolução Industrial inglesa, entre elas: a máquina a vapor de James Watt, a locomotiva a vapor de George Stephenson, o barco a vapor de Robert Fulton.

5. Assinale a alternativa que **NÃO** pode ser considerada um fator para a Revolução Industrial ter-se iniciado na Inglaterra.

a) Acúmulo de capitais com a expansão marítimo-comercial e as práticas mercantilistas. ( )

b) Abundância de jazidas de carvão e de ferro no solo inglês. ( )

c) Decadência da área rural e perda de capitais dos proprietários de terras. ( )

d) Ascensão da burguesia ao poder com a Revolução Gloriosa. ( )

6. Associe corretamente.

a) Arkwright
b) Cartwright
c) Eli Whitney
d) James Watt
e) George Stephenson
f) Robert Fulton

( ) Máquina a vapor

( ) Máquina de fiar

( ) Tear mecânico

( ) Barco a vapor

( ) Descaroçador de algodão

( ) Locomotiva a vapor

A SOCIEDADE INDUSTRIAL

A produção em larga escala, mediante a utilização de meios mecânicos, exigiu a concentração de trabalhadores em grandes unidades de produção – as fábricas –, onde eles realizavam um trabalho dirigido e em conjunto. Na fábrica, consagrou-se e aperfeiçoou-se o princípio da divisão do trabalho: cada trabalhador realizava apenas uma parte do processo de produção, na qual se especializava.

O sistema fabril arruinou a pequena oficina artesanal, tão característica do modo de produção feudal. A maioria dessas oficinas, onde o operário fazia seu trabalho manual com as próprias ferramentas e num horário e ritmo de trabalho que ele mesmo determinava, não pôde aguentar a concorrência imposta pelos novos métodos fabris.

Os artesãos viram-se obrigados a abandonar suas oficinas e a procurar trabalho nas fábricas, convertendo-se em operários assalariados.

Com a Revolução Industrial, dois grupos sociais se definiram: a burguesia industrial e o operariado, também chamado de proletariado.

A EXPANSÃO INDUSTRIAL: A SEGUNDA FASE DA INDÚSTRIA

Por volta de 1830, a França e a Bélgica iniciaram a sua industrialização, utilizando o vapor como principal fonte energética e o ferro como material industrial básico. Esses dois países e a Inglaterra estavam centrados na indústria têxtil.

Após 1860, a indústria instalou-se em outras regiões, como os Estados alemães, o norte da Itália, a Rússia, os Estados Unidos, o Japão e a Holanda.

A partir dessa época, começaram a ocorrer grandes inovações técnicas. O aço e os sintéticos foram utilizados como material industrial básico, e as principais fontes de energia eram a eletricidade e o petróleo. Os setores industriais também se multiplicaram com o surgimento das indústrias siderúrgica, petroquímica, eletroeletrônica e automobilística.

No século XIX, o petróleo e a eletricidade substituíram o vapor, enquanto o aço substituiu o ferro. A indústria siderúrgica suplantou o setor têxtil.

7. Explique como surgiu a fábrica e como se organizou o trabalho dentro dela.

8. O sistema _____ arruinou a pequena _____. Os _____ viram-se obrigados a abandonar suas _____ e a procurar trabalho nas _____, convertendo-se em _____.

9. Quais os países que se industrializaram após a Inglaterra, no século XIX?

10. Quais as inovações que se destacaram na indústria a partir do século XIX?

do trabalho feminino e infantil. Nesse período, os trabalhadores começaram a se organizar em sindicatos e surgiu a primeira Organização Internacional dos Trabalhadores, com o objetivo de unificar a luta operária.

11. Qual foi a ideologia da burguesia industrial?

12. O que caracteriza o sistema econômico do capitalismo?

A CONSOLIDAÇÃO DO CAPITALISMO

A ideologia burguesa, o liberalismo, fortaleceu-se e foi responsável por reformas que tiraram a economia do controle do Estado.

O sistema econômico capitalista consolidou-se. Esse sistema caracteriza-se por acúmulo de capital, propriedade privada, obtenção de lucro e trabalho assalariado.

A concentração de capital estimulou a livre concorrência das empresas capitalistas. As mais ricas foram absorvendo as mais fracas. Os grandes grupos financeiros aliaram-se para monopolizar o mercado consumidor.

A concentração de capitais nas mãos da burguesia acentuou a exploração do operariado urbano. Com a segunda fase da Revolução Industrial, ocorreu progressiva diminuição da jornada de trabalho, bem como a regulamentação

13. O que mudou para os trabalhadores na segunda fase da Revolução Industrial?

AS TEORIAS SOCIAIS

Os conflitos sociais gerados pela exploração dos trabalhadores e pelo aumento da desigualdade social levaram muitos intelectuais a questionar os efeitos da industrialização e da ordem capitalista. As teorias socialistas surgiram nos séculos XVIII e XIX.

O SOCIALISMO UTÓPICO

A primeira doutrina foi a do **socialismo utópico**, representada por Robert Owen, Saint-Simon, Louis Blanc e Fourier, pensadores que defendiam uma sociedade mais justa, na qual haveria acordos entre capitalistas e trabalhadores. Foram chamados de utópicos porque acreditavam nessa possibilidade de conciliação.

O SOCIALISMO CIENTÍFICO

Surgiu com Karl Marx e Engels, que defendiam a união e a luta do operariado contra a exploração. O **socialismo científico** mostrava que uma sociedade mais justa só seria possível por meio da luta dos trabalhadores contra o poder político da burguesia, por isso Marx e Engels pregavam a necessidade de derrubar a burguesia do poder e pôr fim à propriedade privada. Esse pensamento está contido nas obras *Manifesto comunista*, de 1848, *Contribuição à crítica da economia política*, de 1859, e, em 1867, Marx publicou *O capital*, fundamento do socialismo científico.

O SOCIALISMO CRISTÃO

A Igreja Católica procurou acompanhar as inovações dos tempos e não poupou críticas à exploração capitalista dos trabalhadores.

Sua doutrina foi iniciada em 1891 pelo papa Leão XIII, na encíclica *Rerum Novarum*. Por meio dela, a Igreja propôs a aproximação entre patrões e operários, a participação destes nos lucros das empresas, o salário mínimo digno, a formação de sindicatos de trabalhadores e a defesa da propriedade privada.

O ANARQUISMO

O anarquismo era uma ideologia extremamente radical que defendia a revolução armada, a derrubada imediata e a supressão do Estado. Os anarquistas acreditavam que o homem era capaz de viver em paz, sem a instituição do Estado. Os principais representantes dessa tendência eram Bakunin e Kropotkin.

14. Associe corretamente as duas colunas.

a) Socialismo utópico
b) Socialismo científico
c) Socialismo cristão
d) Anarquismo

( ) Defendia uma sociedade mais justa, na qual haveria acordos entre capitalistas e trabalhadores.

( ) Defendia a união e a luta do operariado contra a exploração da burguesia e a instalação de

( ) um regime socialista baseado no poder dos trabalhadores.

( ) É fundamentado pela obra *O capital*.

( ) Era uma ideologia extremamente radical que defendia a revolução armada e a supressão do Estado.

( ) Era representado por Bakunin e Kropotkin.

( ) Baseado na encíclica *Rerum Novarum*, era uma alternativa para superar os conflitos entre os trabalhadores e os capitalistas.

( ) Criado por Karl Marx e Engels.

Revisão

1. Podemos definir Revolução Industrial como:

a) Um conjunto de mudanças tecnológicas profundas que se iniciou no século XVIII e se prolongou pelo século XIX. ( )

b) O processo em que a máquina suplantou o trabalho humano e surgiu uma nova relação entre trabalho e capital. ( )

c) A transformação econômica que deu origem às fábricas e ao trabalho assalariado. ( )

d) Todas as alternativas anteriores estão corretas. ( )

2. Coloque **F** para falso e **V** para verdadeiro.

a) Com a Revolução Industrial, os operários passaram a viver em condições miseráveis, trabalhando de 14 a 16 horas diárias, inclusive as crianças. ( )

b) No início da Revolução Industrial, havia uma série de leis trabalhistas que protegiam os direitos dos operários. ( )

c) A Revolução Industrial trouxe enorme avanço na medicina e, com isso, muitas doenças, como o tifo, a bronquite e a tuberculose, desapareceram, principalmente entre os trabalhadores. ( )

d) Com o início da industrialização o trabalho das mulheres e das crianças era muito valorizado e, por isso, seus salários eram maiores do que os dos homens. ( )

3. Qual foi a relação entre a expansão marítimo-comercial e o início da industrialização na Inglaterra?

4. Pode ser considerado um fator para a Revolução Industrial ter-se iniciado na Inglaterra:

a) Acúmulo de capitais com a expansão marítimo-comercial e as práticas mercantilistas. ( )

b) Ausência de jazidas de carvão e ferro no solo inglês, o que levou a Inglaterra a conquistar colônias. ( )

c) Decadência da área rural e perda de capitais dos proprietários de terras. ( )

d) Ascensão do proletariado ao poder com a Revolução Gloriosa. ( )

5. Com a Revolução Industrial, dois grupos sociais se definiram:

a) A nobreza e o campesinato. ( )

b) A burguesia industrial e o operariado. ( )

c) O empresariado e os pequenos artesãos independentes. ( )

d) A burguesia assalariada e os trabalhadores manuais. ( )

6. Explique o que pregavam os socialistas utópicos. Por que eram chamados de "utópicos"?

7. Quem foram os fundadores do socialismo científico? O que pregavam esses pensadores?

8. Qual a doutrina da Igreja Católica que apareceu como uma alternativa contra a exploração capitalista?

9. Em que acreditavam os anarquistas?

Anotações

11. A Revolução Norte-Americana

As 13 colônias britânicas da América foram as primeiras a se tornar independentes no Novo Mundo.

Foi significativa a influência do iluminismo no processo de libertação da América, à qual se somaram outros fatores.

As relações entre os colonos e a metrópole tornaram-se críticas na segunda metade do século XVIII, quando a Coroa mudou a política tributária, aumentando os impostos, a fim de restabelecer-se financeiramente, por causa do alto custo da Guerra dos Sete Anos (1756-1763).

Nessa guerra, os colonos ingleses haviam ajudado a Inglaterra a conquistar possessões francesas a norte e a oeste das colônias.

Em 1764, a Inglaterra impôs a **Lei do Açúcar** (*Sugar Act*), que elevou o valor dos tributos sobre o açúcar e os derivados da cana que não fossem oriundos das Antilhas britânicas.

Em 1765, criou a **Lei do Selo** (*Stamp Act*), determinando que todos os documentos, jornais e livros só podiam circular se fossem selados com o timbre do governo inglês. Os colonos reagiram invadindo casas de fiscais e queimando documentos selados em praça pública. Declararam que a Inglaterra não tinha o direito de impor sanções às colônias, já que elas não tinham representação no Parlamento inglês.

O governo inglês eliminou a Lei do Selo, mas, dois anos depois, elevou os impostos de importação sobre o chá, o papel, o vidro e as tintas.

Influenciado pela burguesia, o povo reagiu, realizando vários protestos públicos. Em um deles, três manifestantes foram mortos pelas tropas inglesas. Esse episódio é conhecido como o Massacre de Boston.

1. Por que, na segunda metade do século XVIII, as relações entre os colonos norte-americanos e a metrópole tornaram-se críticas?

2. Quais foram as leis tributárias criadas pelo governo inglês para suas colônias americanas?

3. Qual foi a atitude do governo inglês em relação à Lei do Selo, quando os colonos norte-americanos reagiram contra ela?

4. O que foi o Massacre de Boston?

Em 1773, o governo inglês concedeu o monopólio do comércio de chá em todas as colônias norte-americanas à Companhia das Índias Orientais. Essa concessão eliminaria da condição de intermediários todos os norte-americanos que comerciavam esse produto.

Em reação a essa medida, alguns habitantes da cidade de Boston, disfarçados de índios, assaltaram três navios da companhia e lançaram ao mar todo o seu carregamento de chá.

O governo inglês reagiu. Decretou, em 1774, as **Leis Intoleráveis**, determinando o fechamento do porto de Boston e o pagamento de uma indenização pelo chá. Houve também o reforço das tropas oficiais nas colônias.

Estava deflagrado o conflito entre os colonos e a metrópole, que acabou levando à independência das 13 colônias. A partir da decretação das Leis Intoleráveis, as 13 colônias inglesas deixaram de reivindicar apenas mudanças na política econômica da Inglaterra em relação a elas e passaram a tomar outras medidas contra as pressões da metrópole.

No ano seguinte, foi declarada a independência das 13 colônias, e George Washington assumiu o comando das tropas norte-americanas.

A **Declaração de Independência** foi redigida pelo jurista Thomas Jefferson, seguidor das ideias iluministas. O documento foi aprovado em 4 de julho de 1776.

Em 1777, o Congresso aprovou a redação dos **Artigos da Confederação**, adotados a partir de 15 de novembro, quando as ex-colônias receberam o nome de Estados Unidos da América.

OS CONGRESSOS CONTINENTAIS

Em 1774, com representantes de quase todas as colônias, realizou-se o **Primeiro Congresso Continental de Filadélfia**. Começou a se definir uma aliança entre o Norte e o Sul. Foi votada a **Declaração dos Direitos dos Colonos**, que reivindicava:

- igualdade de direitos entre cidadãos da metrópole e das colônias;
- revogação das Leis Intoleráveis.

Nesse Congresso, ainda não havia a intenção clara de se proclamar a independência das colônias.

O rei da Inglaterra, Jorge III, além de não atender às reivindicações dos colonos, ordenou que fosse intensificada a repressão.

Em 1775, novamente a elite colonial, representando as 13 colônias, reuniu-se no **Segundo Congresso Continental de Filadélfia**.

5. A partir da decretação das _____, as 13 colônias inglesas deixaram de reivindicar apenas mudanças na _____ da Inglaterra em relação a elas e passaram a lutar por sua _____.

6. Como a _____ aumentou a repressão a suas colônias norte-americanas depois do Primeiro _____, a elite colonial reuniu-se no _____ e declarou a _____ das 13 colônias, que passaram a se chamar _____.

7. A _____ das colônias norte-americanas foi redigida por _____ e aprovada no dia 24 de julho de 1776.

A GUERRA DE INDEPENDÊNCIA

O governo inglês reforçou o exército contra os norte-americanos, acirrando ainda mais a guerra pela independência, que se estendeu até 1783. Os primeiros anos da guerra foram difíceis para os colonos, pois o exército colonial estava mal-armado.

Somente após a vitória em Saratoga, em 1777, a situação dos colonos melhorou. Os norte-americanos receberam ajuda militar e financeira da França. Os franceses estavam interessados no enfraquecimento do império inglês. A Espanha também ajudou com material bélico.

Em 1783, a Inglaterra, derrotada, viu-se obrigada a assinar o Tratado de Paris, pelo qual reconhecia oficialmente a independência dos Estados Unidos.

8. Por que a França passou a ajudar militar e financeiramente os norte-americanos?

9. Que outro país europeu ajudou na Guerra de Independência dos Estados Unidos?

10. Como terminou a Guerra de Independência dos Estados Unidos contra a Inglaterra?

Revisão

1. Coloque F para falso e V para verdadeiro.

a) Além da influência iluminista, as relações de conflito entre os colonos norte-americanos e a metrópole também foram motivo da independência dos Estados Unidos. ( )

b) A situação de conflito entre colônias e metrópole tornou-se crítica quando a Inglaterra tentou aumentar impostos sobre suas possessões na América. ( )

c) A Inglaterra sempre governou suas colônias rigidamente, impedindo, desde o começo, que se desenvolvessem economicamente. ( )

2. Por que a Inglaterra criou a Lei do Açúcar e a Lei do Selo para suas colônias norte-americanas?

3. Diante das leis inglesas que aumentavam os impostos, os colonos norte-americanos:

a) Pediram ajuda a banqueiros franceses, para pagá-los. ( )

b) Submeteram-se ao governo inglês, sem protestar. ( )

c) Reagiram vigorosamente, e isso acabou dando início ao processo de independência. ( )

d) Abandonaram as colônias e foram viver no Canadá, que pertencia à França. ( )

4. O que fizeram alguns habitantes da cidade de Boston quando o governo inglês concedeu o monopólio do comércio de chá para a Companhia das Índias Orientais?

5. Em represália ao episódio do chá em Boston, a Inglaterra decretou, em 1774, as _____, determinando o fechamento do _____ e o pagamento de uma _____ pelo chá.

12. A Revolução Francesa

A **Revolução Francesa** foi a grande revolução que marcou a ascensão da burguesia ao poder político. Esse fato provocou tantas mudanças que é tomado como referência para marcar a passagem da Idade Moderna para a Idade Contemporânea.

Em 1789, a França atravessava uma grave crise econômica, cujos efeitos negativos recaíam sobre o povo. Enquanto o rei Luís XVI, sua esposa Maria Antonieta e a corte francesa viviam luxuosamente no Palácio de Versalhes, o povo passava fome e pagava pesados tributos.

Nessa época, a sociedade francesa estava dividida em três ordens ou estados. O **primeiro estado**, constituído pelo clero, que correspondia a 10% da população da França, não pagava impostos.

O **segundo estado** era formado pela nobreza, correspondia a 20% da população. Gozava de amplos privilégios, inclusive o de não pagar impostos. O **terceiro estado** era formado pelos burgueses, trabalhadores urbanos e camponeses, estes últimos representando 70% da população. Viviam na miséria e, muitas vezes, a sua situação era agravada pelas secas, enchentes e más colheitas. Com essas crises, os preços dos produtos subiam, o que provocava rebeliões no campo e na cidade.

A burguesia, que também fazia parte do terceiro estado, estava descontente. Reivindicava a redução das taxas que provocavam o encarecimento de seus produtos e queria a ampliação dos mercados para as suas indústrias.

1. O que foi a Revolução Francesa?

2. A Revolução Francesa marca a passagem da _____ para a _____ .

3. Qual era a situação da França em 1789?

4. Na época da Revolução Francesa, como estava dividida a sociedade francesa?

5. Como viviam os camponeses na época da Revolução Francesa?

6. Qual era a posição da burguesia na época da Revolução Francesa? O que ela reivindicava?

Em 1788, a França enfrentou uma longa seca, o que provocou a escassez de alimentos e a elevação dos preços. A burguesia intensificou seus ataques ao governo absolutista de Luís XVI.

Temendo uma revolta do povo, o rei nomeou primeiro Turgot e depois Necker como ministros das Finanças. Ambos elaboraram planos econômicos, mas não conseguiram resolver os problemas do país. O rei resolveu então convocar os Estados Gerais, assembleia formada por representantes dos três estados.

No dia 5 de maio de 1789, a Assembleia dos Estados Gerais reuniu-se no Palácio de Versalhes. Entretanto, os representantes logo entraram em conflito. Enquanto o primeiro e o segundo estados defendiam o voto por ordem social (ou seja, um voto por estado), o terceiro estado reivindicava o voto por cabeça, pois, da outra forma, estaria sempre em desvantagem.

No mês de junho, o terceiro estado, com o apoio dos deputados do baixo clero, contra a vontade de Luís XVI, proclamou-se em Assembleia Nacional. Essa assembleia foi transformada em Assembleia Nacional Constituinte em 9 de julho de 1789. O objetivo era elaborar uma constituição para a França.

Pressionado pelo primeiro e pelo segundo estados, Luís XVI convocou o exército para dissolver a assembleia.

Em 13 de julho, o povo tomou as ruas de Paris. Em 14 de julho, uma multidão invadiu a Bastilha, prisão do Estado e símbolo do poder absolutista. Era a **queda da Bastilha**. Revoltas populares espalharam-se por toda a França. O poder absolutista do rei chegava ao fim.

Representação da queda da Bastilha, episódio que se tornou símbolo da Revolução Francesa de 1789.

7. Em 1788, a França enfrentou uma longa seca, o que provocou a escassez de alimentos e a elevação dos preços. A burguesia intensificou seus ataques ao governo absolutista de Luís XVI. O que fez o rei?

8. Por que os representantes dos três estados entraram em conflito na Assembleia dos Estados Gerais?

9. O que foi a queda da Bastilha?

A ASSEMBLEIA NACIONAL CONSTITUINTE

A primeira fase da Revolução Francesa é conhecida como a fase da Assembleia Nacional Constituinte e durou de 1789 a 1791.

A Assembleia Nacional decretou novas leis e aprovou a **Declaração dos Direitos do Homem e do Cidadão**, proclamando que os homens nascem livres e iguais em direitos.

Entretanto, Luís XVI não queria que seu poder fosse reduzido e, por isso, não aceitou as medidas estabelecidas pela Assembleia. Revoltado com a atitude do rei, o povo parisiense, em outubro, invadiu o Palácio de Versalhes, obrigando o monarca a fugir do local. Esse acontecimento ficou conhecido como Jornadas de Outubro.

Em 1790, a Assembleia votou a Constituição Civil do Clero. Ficou estabelecido o confisco dos bens da Igreja e a transformação dos membros do clero em funcionários do Estado. Por fim, em 1791, foi promulgada a Constituição que estabelecia como forma de governo a monarquia constitucional e liberal. Ficou decidida a divisão de poderes: o Executivo, exercido pelo rei; o Legislativo, pela Assembleia; e o Judiciário, por juízes eleitos.

Em setembro de 1791, Luís XVI jurou respeitar a Constituição, que estabelecia a monarquia constitucional. No mês seguinte, foi eleita nova Assembleia Legislativa, com o predomínio da burguesia. O voto era censitário, isto é, de acordo com a renda do cidadão.

Os membros republicanos da Assembleia acusaram o rei Luís XVI de estar ligado à Áustria. Forçado pelos deputados, o monarca declarou guerra a esse país.

Liderado por Danton, Marat e Robespierre, o povo invadiu o palácio das Tulherias, destruindo-o. A família real foi presa. Instaurou-se a Comuna Revolucionária, que dividiu o poder com a Assembleia e convocou o povo a defender a França ante a invasão austro-prussiana. Em 20 de setembro, o exército inimigo foi abatido na batalha de Walmy. A Assembleia depôs o rei e elegeu a **Convenção Nacional**, assembleia eleita por voto universal masculino. No dia 22 de setembro, foi proclamada a República, iniciando-se novo período da história da França.

10. Quais as primeiras medidas tomadas pela Assembleia Nacional Constituinte?

11. O que foram as Jornadas de Outubro?

12. Como terminou a monarquia na época da Assembleia Nacional francesa?

A CONVENÇÃO NACIONAL

Após a proclamação da república, a Convenção criou outro calendário, marcando o início de uma nova era.

Durante a monarquia, os republicanos franceses permaneceram unidos, mas, após a proclamação da república, dividiram-se em:

- **girondinos** – grupo majoritário, representante da alta burguesia;
- **jacobinos** ou **montanheses** – grupo radical liderado por Robespierre, Danton e Marat, representantes da média e pequena burguesia.

Em 21 de janeiro de 1793, o rei Luís XVI foi condenado e guilhotinado, considerado inimigo da Revolução.

A república francesa começou com uma série de crises. Revoltas de padres e nobres estouraram em vários pontos da França. Além disso, a Inglaterra liderou uma coligação contra o país, aliando-se a Holanda, Prússia, Espanha, Sardenha, Nápoles e Rússia.

Nesse ambiente de crise interna e externa, a Convenção governou de forma ditatorial.

Instalou-se o período conhecido como **Terror** (1794), chefiado por Robespierre, no qual houve violenta perseguição aos girondinos, com a morte de muitos deles, além de nobres e da rainha Maria Antonieta.

Em 27 de julho de 1794 (9 Thermidor, segundo o novo calendário), Robespierre foi preso e guilhotinado pelos girondinos, terminando o Terror. Os girondinos retornaram ao poder, elaboraram uma nova Constituição e instalaram um governo chamado **Diretório**.

13. No governo da Convenção Nacional, os republicanos franceses dividiram-se em duas alas:

a) Girondinos: era o grupo _____, representante da _____.

b) Jacobinos ou montanheses: era o grupo _____ liderado por _____, _____ e _____, representantes da _____.

14. O que foi o Terror?

15. Como terminou o período do Terror na França?

> Napoleão foi chamado de volta à França por alguns políticos do Diretório. Retirou-se secretamente do Egito e, no dia 18 Brumário (9 de novembro) de 1799, deu um golpe de Estado, instalando na França um governo chamado **Consulado**. Esse fato ficou conhecido como **O Golpe do 18 Brumário**. A Revolução Francesa chegava ao fim.

16. O que foi o Diretório? Quais eram as suas características?

> **O DIRETÓRIO**
> Em 1795, foi promulgada outra Constituição, que instalou um novo governo: o **Diretório**. Foi mantido o regime republicano, mas aboliram-se as instituições criadas no período anterior. O Poder Executivo foi dado a cinco diretores escolhidos por uma Assembleia eleita por voto censitário.
> A alta burguesia, que dominava o **Diretório**, tratou de defender os seus interesses, sufocando as oposições internas. Nessa época, a França enfrentava a Primeira Coligação, formada pela Inglaterra e seus aliados. Na guerra, destacou-se o general Napoleão Bonaparte, que derrotou a Itália, assinou a paz com a Áustria e dirigiu a campanha do Egito contra os ingleses.

17. Quem se destacou na guerra contra a Inglaterra no período do Diretório?

18. O que foi o Golpe do 18 Brumário?

19. O período do Diretório representou o governo de qual classe social na França?

Revisão

1. Sobre a Revolução Francesa, **NÃO** é correto afirmar:
a) Foi a grande revolução que marcou a ascensão da burguesia ao poder político. ( )

b) Marcou a passagem da Idade Moderna para a Idade Contemporânea. ( )

c) Representou o fim do absolutismo real na França. ( )

d) Consolidou o poder da nobreza e do clero na França. ( )

2. Na época da Revolução Francesa, a sociedade na França estava dividida em _____ ordens ou estados, que eram: o _____, constituído pelo _____; o _____, formado pela _____, e o _____, formado pelos _____, _____ e _____.

3. Coloque **F** para falso e **V** para verdadeiro.

a) Na época da Revolução Francesa, os camponeses viviam na miséria e, muitas vezes, a sua situação era agravada pelas secas, enchentes e más colheitas. ( )

b) A burguesia, que também fazia parte do terceiro estado, estava descontente e reivindicava a redução das taxas que provocavam o encarecimento de seus produtos. ( )

c) A nobreza e a realeza na França, em 1789, queriam a ampliação dos mercados para as suas indústrias. ( )

d) Em 1788, a França enfrentou uma longa seca, o que provocou a escassez de alimentos e a elevação dos preços. ( )

e) O rei Luís XVI nomeou primeiro Turgot e depois Necker como ministros das Finanças para tentar resolver a crise do país em 1789, e ambos tiveram muito sucesso com seus planos econômicos. ( )

4. Quais foram os grupos políticos que se formaram no governo da Convenção Nacional? Que camadas sociais eles representavam?

5. Associe corretamente as duas colunas.

a) Assembleia Nacional Constituinte
b) Convenção Nacional
c) Diretório

( ) Declaração dos Direitos do Homem e do Cidadão, proclamando que os homens nascem livres e iguais.

( ) Terminou com o Golpe do 18 Brumário.

( ) Jornadas de Outubro.

( ) Perseguição aos girondinos, com a morte de muitos deles, além de nobres e da rainha Maria Antonieta.

( ) A Inglaterra liderou uma coligação contra a França, aliando-se à Holanda, Prússia, Espanha, Sardenha, Nápoles e Rússia.

( ) Governo dominado pela alta burguesia, que sufocou as oposições internas.

( ) Constituição Civil do Clero, estabelecendo o confisco dos bens da Igreja.

( ) Robespierre foi preso e guilhotinado pelos girondinos.

( ) Regime republicano, com o Poder Executivo exercido por cinco diretores escolhidos por uma Assembleia eleita por voto censitário.

( ) Criação de outro calendário

( ) Declaração de guerra à Áustria.

13. O Império Napoleônico

Ao governar a França, Napoleão Bonaparte deu início à consolidação das conquistas da burguesia no país. Além disso, empreendeu campanhas militares que provocaram a desorganização das monarquias absolutistas da Europa, favorecendo os movimentos liberais.

No período da Convenção da Revolução Francesa, com 26 anos de idade e já general, Napoleão Bonaparte foi convocado para reprimir os radicais (1795), destacando-se também na defesa da França revolucionária, ameaçada pelas monarquias europeias. Em 1799, o **Diretório** convocou Napoleão para participar do governo.

No dia 9 de novembro desse mesmo ano, com o **Golpe do 18 Brumário**, foi elaborada nova Constituição, que instaurava o Consulado como forma de governo, inaugurando a Era Napoleônica.

A chamada Era Napoleônica envolveu dois períodos:

- **Consulado** (1799-1804) – caracterizado pela recuperação econômica da França e também pela estabilização do poder político.
- **Império** (1804-1815) – Napoleão Bonaparte desenvolveu sua corrida imperialista e dominou grande parte da Europa.

1. As campanhas militares de Napoleão Bonaparte provocaram a desorganização das _____ da Europa, favorecendo os _____.

2. Com o Golpe do 18 Brumário, instalou-se na França um período chamado de Era _____, que pode ser dividida em _____ e _____.

3. Napoleão Bonaparte, na fase do _____, desenvolveu sua corrida _____ e dominou grande parte da _____.

O CONSULADO (1799 A 1804)

No Consulado, o Poder Executivo era exercido por três cônsules, e o Legislativo ficava a cargo das assembleias. Napoleão era o primeiro-cônsul e tinha em suas mãos amplos poderes.

Napoleão promoveu a reforma do Direito, elaborando o Código Civil Napoleônico, o que consolidou as conquistas da burguesia ocorridas durante a Revolução Francesa, tais como a laicização do Estado, a igualdade entre todos perante a lei, a propriedade privada, a liberdade econômica, a proibição das greves e da organização sindical e o restabelecimento da escravidão nas colônias.

Foi reorganizado o ensino francês, cujo objetivo era a formação de cidadãos aptos a servir ao Estado. O modelo napoleônico de educação visava moldar o comportamento político do cidadão, pois a escola era o veículo para a criança aprender a amar e a obedecer ao governo francês. Napoleão fundou a Escola Normal de Paris para a formação de professores.

Com o apoio da burguesia, em 1802 Napoleão fez um plebiscito e tornou-se cônsul vitalício.

4. No campo da educação, o que se destacou no governo de Napoleão Bonaparte?

5. No campo do Direito, uma das realizações do governo de Napoleão na França foi a elaboração do _____, que consolidou as conquistas da _____ ocorridas durante a _____.

O IMPÉRIO (1804-1815)

Em 1804, Napoleão fez realizar novo plebiscito, no qual 60% dos votantes confirmaram a instituição do regime político monárquico, e ele tornou-se imperador da França.

No plano interno, ocorreu o incentivo à agricultura e à indústria.

No plano externo, Napoleão disputou com a Inglaterra a hegemonia política e econômica da Europa. Em 1805, enfrentou a terceira coligação contra a França, formada pela Inglaterra, pela Áustria e pela Rússia.

Para derrotar a Inglaterra, em 1806, Napoleão promulgou o Decreto de Berlim, fechando todos os portos europeus aos navios e às mercadorias que vinham da Inglaterra, ato conhecido como **Bloqueio Continental**.

No biênio 1806-1807, o exército francês venceu os exércitos da Prússia e da Rússia. Pela Paz de Tilsit, o czar russo Alexandre I aderiu ao bloqueio.

Os países que não aderiram ao bloqueio sofreram intervenção de Bonaparte. O rei Fernando VII, da Espanha, foi deposto e substituído no poder pelo irmão de Napoleão, José Bonaparte.

Portugal, ligado aos ingleses por interesses comerciais, também não fechou seus portos à Inglaterra. Para manter o bloqueio, Napoleão resolveu invadir Portugal. Assinou com a Espanha o Tratado de Fontainebleau (1807), que deu às tropas francesas o direito de atravessar terras espanholas para invadir Portugal. Nesse mesmo ano, soldados franceses chefiados pelo general Junot invadiram Portugal. O príncipe regente desse país, dom João, com o apoio inglês, transferiu a sede da Corte portuguesa para o Brasil.

Napoleão dominava praticamente toda a Europa, com exceção da Inglaterra. Tornou-se senhor absoluto da política europeia.

8. O que foi o Bloqueio Continental? Qual o país que não se submeteu a ele?

6. Como Napoleão tornou-se imperador da França?

7. Como se caracterizou a política externa de Napoleão Bonaparte durante o Império?

O FIM DO IMPÉRIO NAPOLEÔNICO

A política napoleônica começou a ser contestada até mesmo pela burguesia. Enquanto a Inglaterra intensificou seu comércio com as colônias da América Latina, dos Estados Unidos e do Oriente, o Bloqueio Continental prejudicou a economia francesa e a dos países aliados, em razão da falta de produtos manufaturados e da paralisação dos portos. Em 1812, a Rússia rompeu o bloqueio.

Como reação, em 1812 Napoleão empreendeu a Campanha da Rússia, mobilizando um exército de quase 600 mil homens para invadir esse país. Quando o exército francês chegou a Moscou, nada encontrou, pois o czar havia retirado toda a população da capital e ateado fogo na cidade. Sem abrigo e sem alimento, Napoleão resolveu retornar à França. Na viagem, contudo, defrontou-se com seu pior inimigo: o inverno. Em face do frio extremo, da fome, das doenças e dos ataques russos, Napoleão perdeu quase todo o seu exército.

A desastrosa Campanha da Rússia estimulou os países europeus a se rebelar contra a dominação francesa. Formou-se uma nova coligação contra a França, constituída por Áustria, Prússia, Rússia e Inglaterra. Em 1813, em Leipzig, Napoleão foi derrotado. Assinou o Tratado de Fontainebleau, abdicando do trono francês. Luís XVIII, da dinastia Bourbon, foi convidado a retomar o poder.

Napoleão recebeu a soberania da ilha de Elba, no Mediterrâneo, mas não foi muito longo o seu exílio. Em fevereiro de 1815, conseguiu fugir da ilha, foi para Paris e retomou o poder, sendo novamente aclamado imperador. O rei, Luís XVIII, fugiu para a Bélgica.

Napoleão realizou o **Governo dos Cem Dias**. Foi definitivamente derrotado pelo duque de Wellington na **Batalha de Waterloo**, na Bélgica. Aprisionado, foi deportado para a ilha de Santa Helena, onde faleceu em 1821.

Com a derrota definitiva de Napoleão, a monarquia absolutista foi restaurada na França, sob o governo de Luís XVIII.

9. O Bloqueio Continental ajudou economicamente a França? Explique.

10. Qual foi o primeiro país a romper o Bloqueio Continental, em 1812? Qual a consequência desse ato?

11. Qual foi o resultado da Campanha da Rússia para Napoleão Bonaparte?

12. O que foi o Governo dos Cem Dias de Napoleão Bonaparte?

13. Qual foi o fim de Napoleão Bonaparte?

O CONGRESSO DE VIENA

Logo depois da primeira derrota de Napoleão, em 1814, organizou-se na Europa um movimento conservador. As forças tradicionais absolutistas retomaram o antigo modelo de governo. Monarcas e ministros reuniram-se no **Congresso de Viena** (1814-1815), com a finalidade de restabelecer o antigo equilíbrio político europeu, anterior à Revolução Francesa, e reorganizar o mapa político da Europa, que havia sido bastante alterado com as conquistas napoleônicas.

Os principais participantes do congresso foram: Alexandre I, da Rússia; Frederico Guilherme, da Prússia; Wellington, da Inglaterra; Talleyrand, da França; e o príncipe Metternich, da Áustria. Três princípios nortearam o Congresso: restauração, legitimidade e solidariedade.

Talleyrand defendeu o **Princípio da Legitimidade**, segundo o qual:

- as nações europeias voltariam aos limites geográficos anteriores à Revolução Francesa;
- as dinastias derrubadas retornariam ao poder.

As fronteiras dos países europeus não voltaram a ser as mesmas. A França retornou a seus limites territoriais. A Áustria, a Rússia e a Prússia aumentaram seus territórios, em prejuízo dos Estados mais fracos.

14. Por que, depois da derrota de Napoleão em 1814, monarcas e ministros europeus reuniram-se no Congresso de Viena?

15. O que pregava o Princípio da Legitimidade?

A SANTA ALIANÇA

Por proposta do czar Alexandre I, a Rússia, a Áustria e a Prússia formaram a **Santa Aliança**. O objetivo era defender as monarquias absolutistas, em nome dos princípios cristãos. Metternich introduziu na Santa Aliança o direito de intervenção. Segundo ele, a Santa Aliança teria o direito de intervir nos países onde houvesse revoluções liberais e tentativas de emancipação política.

A Inglaterra, entretanto, defendeu o Princípio de não intervenção. Apoiava os movimentos de independência da América Latina, com vistas a conquistar novos mercados para sua indústria.

Na década de 1830, irromperam revoluções liberais e nacionalistas dentro e fora do continente europeu, o que provocou o enfraquecimento da Santa Aliança.

16. O que foi a Santa Aliança?

17. Por que a Inglaterra não apoiou o direito de intervenção proposto pela Santa Aliança?

Revisão

1. Uma das consequências das campanhas militares de Napoleão Bonaparte foi:

a) A desorganização das monarquias absolutistas da Europa, favorecendo os movimentos liberais. ( )

b) A restauração do absolutismo na França. ( )

c) A formação do Império Francês, que durou até o século XX. ( )

d) Todas as alternativas anteriores estão corretas. ( )

2. No _____, o Poder Executivo era exercido por três cônsules, e o Legislativo ficava a cargo das _____. Napoleão era o _____ e concentrava em suas mãos amplos poderes.

3. O Bloqueio Continental, decretado por Napoleão Bonaparte, decidia:

a) A mudança da família real portuguesa para o Brasil. ( )

b) O fechamento de todos os portos europeus aos navios e mercadorias ingleses. ( )

c) Que seu irmão, José Bonaparte, seria o rei da Espanha. ( )

d) Que a Rússia seria invadida pelas tropas francesas. ( )

4. O declínio de Napoleão Bonaparte começou quando:

a) As tropas francesas foram derrotadas no Egito, pela Inglaterra. ( )

b) Portugal desobedeceu ao Bloqueio Continental e enfrentou a França. ( )

c) As tropas francesas foram derrotadas na Campanha da Rússia. ( )

d) Napoleão foi preso e exilado para a ilha de Santa Helena. ( )

5. Contra a expansão napoleônica na Europa e procurando restaurar as monarquias absolutistas depostas em vários países, surgiu o _____. Em seguida, a _____, a _____ e a _____ formaram a Santa Aliança, que enfraqueceu quando começaram a ocorrer na Europa as _____.

Anotações